IN CENA:

A vida de Eduardo Bruno

por

Guida Abranches David

In Media Res

Nova Friburgo - RJ

Capa: In Media Res Editora
Ilustração de capa: óleo sobre tela de Pedro Abranches David
Diagramação: Kiki Gurjão
Revisão: Ana Blue

Dados Internacionais de Catalogação na Publicação (CIP)
(Câmara Brasileira do Livro, SP, Brasil)

D249i
David, Guida Abranches
In cena; a vida de Eduardo Bruno / Guida Abranches David - 1ª edição -
Nova Friburgo - RJ
In Media Res, 2021
148 p.

ISBN: 978-65-994162-7-9

1.Biografia 2. Teatro 3. Teatro brasileiro I. Título

CDD: B869.2

Educatoris Instituto de Educação Multidisciplinar Ltda
Rua Abdo Abi-Ramia, 81
28630-090 - Nova Friburgo – RJ
www.inmediares.com.br

Aos amigos de sempre

Prólogo

Virando mais uma página da minha vida, agora sem a presença do meu amado irmão. Estávamos no dia 10 de setembro de 2020, a madrugada estava tensa, alguém se despedia de seu corpo físico, e eu nem percebia – só quando, em meus braços, num último suspiro, ele se eternizou.

Tínhamos a ideia de fazer um livro com todas as peças escritas e dirigidas por ele. Algumas já estavam sendo reeditadas para esse fim. Faríamos uma noite de autógrafos, mas a Lei do Tempo nos pregou uma "peça".

Agora, serão dois livros – eu não poderia deixar sua história se perder na memória. Com a ajuda das minhas recordações, de fotos, vídeos e relatos de grandes amigos, ficam registradas a sua vida, neste livro biográfico, e as suas peças em um outro livro, de obras para o teatro.

Usando minha intuição, preferi escrever em primeira pessoa, espero que esteja a sua altura, meu irmão. Você nunca foi uma *persona* (máscara, em grego), mas, que tal representar você mesmo pela primeira vez? Um indivíduo íntegro, verdadeiro, autêntico, determinado, sempre otimista, querido por muitos, alegre e amigo. Companheiro de todas as minhas horas, meu grande parceiro. Ninguém melhor do que você para contar sua trajetória neste planeta Terra.

Até sempre, meu amado irmão!

1ª CENA

Como tudo começou

Em 7 de outubro de 1956, às duas horas e meia da tarde, no Hospital Central da Aeronáutica, com 3.260kg, nasceu Eduardo Gomes Ribeiro – eu. Filho de Áttila Gomes Ribeiro e Solange Gomes Ribeiro, numa família querida, com quatro irmãos: Zezé, Ângela, Margarida e Joãozinho, que receberam Dadinho, o caçula de olhinhos azuis e loirinho, com muito amor. Nesse dia glorioso para minha trajetória aqui na Terra, já estava determinado o que seria essa existência.

Fórceps. É um instrumento cirúrgico que se utiliza para auxiliar o parto e facilitar a passagem da cabeça do bebê pelo canal vaginal. Pois é, alguma coisa deu errado, ou certo, e essa puxada me acarretou uma big escoliose e eu nunca soube o que é respirar por uma das narinas.

Fantástico, nunca fui normal. Escutem agora uma bela gargalhada de f...-se. E prestem atenção nessa peça que foi a minha vida – e que, diante do aparente problema, criei o protagonista mais feliz desse mundo.

Abri meus "Precious Moments": meu álbum de bebê, que foi comprado onde fui produzido, nos EUA. Minha família morou dois anos em Washington, onde meu pai, oficial da Aeronáutica, serviu como adido militar na Embaixada do Brasil. Talvez por trauma de útero, sempre fui avesso ao inglês. Em uma próxima cena entenderão essa afirmativa.

Fotos deste álbum. Onde estarão?

Dizem que os filhos caçulas são os mais mimados, mas as fotos e os escritos são bem menores do que os dos outros irmãos. E sempre herdamos as roupas dos mais velhos. Minha sorte é que o João era magrinho, e eu, sempre mais fofinho. Mas, vamos observar algumas fotos. Como um bom diretor, sempre fui muito observador.

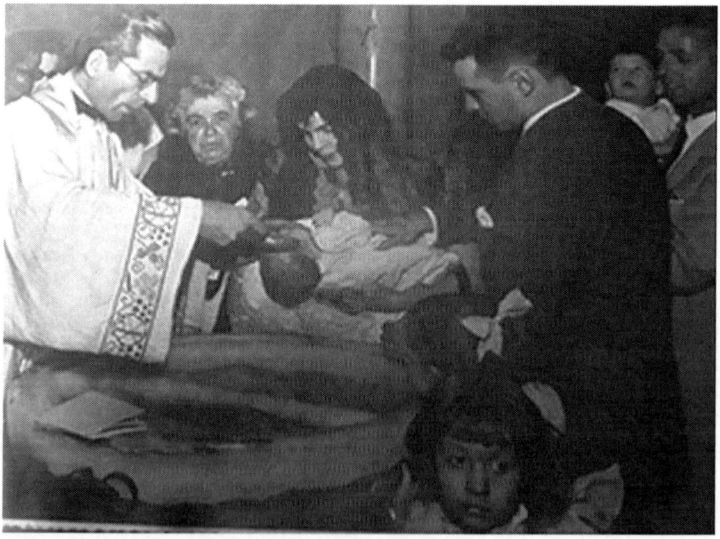

Com dois meses, no meu batizado

Padrinhos: minha linda tia Gigi e meu dedicado tio Milton. Ao lado da tia Gigi, minha tia-avó Caluzinha – ela adorava nos beijar nos olhos e sempre tinha alguma queixa. Observem os meus irmãos: Ângela sempre atenta e prestando atenção nos acontecimentos, Margarida atenta a algo diferente e João, distraído, procurando alguma coisa mais importante do que aquela água gelada na minha testa. Quem está segurando o João é seu padrinho, tio Alberto. Ele foi o responsável por eu ter me tornado ator e pelo meu projeto de criar a Casa de Cultura Alberto Lessa Bastos.

Na próxima foto eu tinha seis meses, nem dá pra ver.

Mas.... tem muitos cartões de felicitações, principalmente escritos em inglês, dos amigos americanos dos meus pais. Num deles está escrito *"Congratulations do Benny e Andrea"*. Esses foram amigos por muito tempo, mas os outros sumiram.

Favorite Toys and Pets:

Carrinhos. Escreveu mamãe: *"Até com as mãos ele imita carrinhos"*.

Um cachorrinho dado pelo Papai Noel no Natal de 1960. Agora entendo por que minha casa tem mais cachorro do que gente. Sempre fui sensível ao sofrimento de um cachorro. O veterinário é que sorria – enchia o bolso com a quantidade de cães que eu tirava das ruas e levava para ele tratar.

Depois vieram também os gatos e os micos, que acabavam com as minhas bananas. Ninguém acreditaria se eu contasse que sempre tinha um animal doente largado no meu portão.

Um dia, largaram quatro fêmeas filhotes. Fizemos de tudo para mamãe deixar as pobrezinhas entrarem em casa; já tínhamos cinco. Dona Laurinha, avó da Anna Bokel, nos ajudou a convencê-la. *"Logo arranjamos um outro dono para adotá-las"*. E cada um que chegava, dávamos uma desculpa: *"Essa não, já foi escolhida"*, *"Ah, essa tem que ir junto da outra"*, e assim por diante. Finalmente, se passaram mais de dez anos e elas ainda estão lá. Margarida é minha aliada em todos os aspectos – e principalmente nesse.

Favorite Stories and Rhymes:

Todas as histórias do Teatrinho Trol.

Fundo musical da peça A Bruxinha que era boa (Maria Clara Machado). Depois, ela veio a ser minha primeira e inesquecível diretora de teatro, minha mestra eterna, inspiradora e adorável. Essa peça foi encenada lá em casa, na Conselheiro Lafaiete; meu tio Alberto foi o diretor e o Bruxo Belzebu Terceiro. Como já disse: o ídolo que nos inspirou para as artes e para o teatro.

Com um aninho

Ter olhos azuis é lindo,
mas na claridade é uma M.
Tadinho do Dadinho

Todo ano fazíamos peças, principalmente no Natal. Minha mãe sempre foi muito disciplinada e enquanto os ensaios não estavam bons, tínhamos que repetir. Repetir, Repetir, Repetir, os três Rs do ator.

Muitos firsts vazios.

Dois aninhos

Se não me engano, nessa foto eu estava em Piquete. Meu tio Alberto sempre nos proporcionou uma casa para as férias. Essa era uma; depois, foi em Nova Friburgo, no bairro Lagoinha, ao lado do Hotel Floresta. A casa caía aos pedaços, uma das paredes era segura por tacos de madeira. Eu adorava, me preparava o ano todo para estar em Friburgo com os primos.

Eu ainda tinha uma babá, a Biá. A santa Biá, que acabava cuidando de todas as crianças. Fazíamos passeios por um morro que tinha em frente a nossa casa, com muitos eucaliptos. Para nos proteger das cobras, ela dava um nó nas nossas blusas – e assim estávamos "protegidos". Na minha, ela dava dois: eu era o Dadinho, seu xodó.

Minha mãezinha preta, obrigada pelo seu carinho. Quando ela se casou, seu primeiro filho homem teve meu nome. Nós nos perdemos. Agora, só a lembrança. Esse negócio de dizer que tudo passa é mentira. Tem acontecimentos e pessoas que ficam eternamente cravados no nosso coração.

Escuta seu coração: é por onde estou me comunicando com você.

Sessão de fotos, não ficarei preso ao meu álbum de neném.

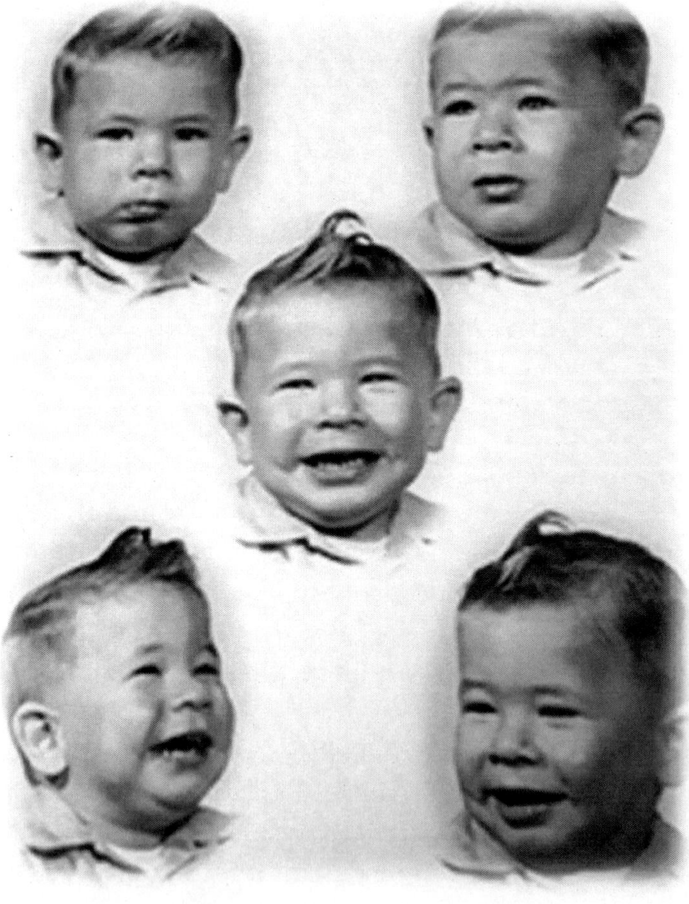

Que fofinho esse Dadinho

Olha a minha Biá aí, com meu pai e irmãos.

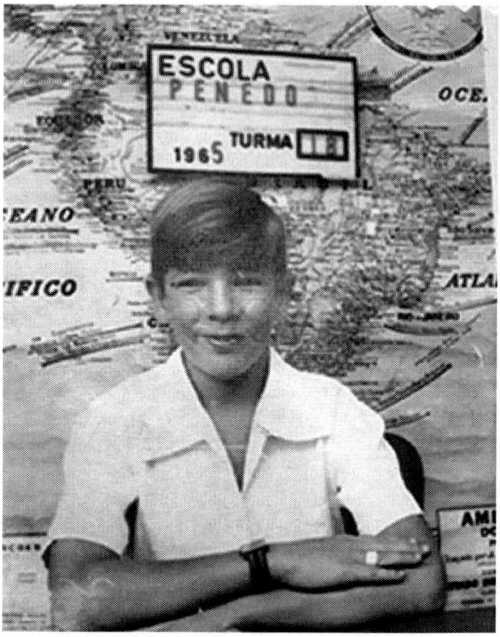

Escola Penedo. Estou bem-comportado, carinha de anjo, não era para menos: mamãe trabalhava lá como professora. A carinha dela era bem séria, todos achavam que ela era a diretora. Ela até compôs uma música para essa escola. Todos os dias desses últimos anos eu cantava com ela o hino da Escola Penedo. Agora, em seus sonhos consigo falar com ela. Querem poupá-la e não contaram nada sobre a minha viagem eterna. Ela já sabe; eu contei enquanto ela dormia. Só que ela esquece, e eu volto todas as noites para a gente conversar. Desde que papai partiu, sou seu companheiro inseparável. Não ia deixá-la assim. Vou deixar registrado o hino. Grave para ficar de recordação essa sua obra. Um dia, ela também vai viajar, isto é, voltar para casa. Eu estou esperando o momento certo para levá-la. Não tenho poder nenhum sobre isso, ela sim. Escolhemos a nossa partida. É verdade, até nisso temos livre arbítrio. A alma física ignora tudo isso; a eterna, o espírito, sabe o momento de se libertar do corpo.

Hino para a Escola Penedo

Escola Penedo
Tens uma grande missão,
Educar, ensinar a amar
A história do nosso rincão.

Penedo, Penedo
És cidade de porto ufaneiro,
Que recebe do Rio União
As mensagens de amor do sertão.

Inspirado em tua imagem
Nos foi dado este teu nome
E aqui as crianças que passam
Lembram os peixes que em suas águas nadam.

E assim, Oh! Escola querida
Em contínuo mudar de semblantes
Tu caminhas
Em vias triunfantes!

Dedico essa cena a minha musa inspiradora, companheira de todas as horas. Solange.

Desde que papai faleceu nos tornamos companheiros inseparáveis, já disse isso. Num sonho, papai disse a ela para ir preparando as malas que ele viria buscá-la. Então, me propus a ajudá-la. Ele me apanhou primeiro. Trinta e quatro anos cuidando dela e preparando a casa de Friburgo como ela e ele gostariam que fosse: digna da família Gomes Ribeiro. Uma mansão como coração de mãe, que acolheria a todos. Se puderem, irmãos, não vendam esse sonho que eu e mamãe nos empenhamos em realizar.

2ª CENA

Vovó Naninha

Vovó Naninha, a figurinha mais querida que conheci. Adorava festas, doces – à noite, atacava a geladeira para comê-los, tinha diabetes. Mamãe ficava brava com ela e papai achava graça. *"Deixa ela, Solange, o prazer adoça a vida e cura qualquer doença"*. Dona Anna, com dois Ns, foi diretora de escola; criou minha mãe e seu irmão, Miltinho (seu xodó). Anna era irmã do meu avô Diogo, que perdeu a esposa, minha avó Margarida. Mamãe tinha quatro anos na ocasião. Trauma!

Bem, Diogo, anos depois vem a casar-se com Camélia, que caiu do galho, deu dois suspiros e depois morreu. Brincadeirinha, viveu pra burro. Minha mãe e Naninha gostavam dessa música e implicavam com meu avô. Mamãe dizia que ele achava graça dos ciúmes das duas. Quer dizer que a Solange teve uma madrasta?

Não, não teve. Camélia separou a família: levou os dois mais velhos, tio Alberto e tio Décio, e deixou os menores para a vovó Naninha cuidar.

Guida, cuidado com as suas interferências no meu texto, essa ironia não me pertence.

• • •

Fomos criados pela vovó com ditados:

"Mais vale um pássaro na mão do que dois voando."

"*Mais vale quem Deus ajuda do que quem cedo madruga*" – Essa está em destaque em homenagem a vovó, que contraria o dito popular. Não sei o motivo, mas imagino. Alguém deve ter dito: "*Acorda, Anna, Deus ajuda a quem cedo madruga*". E Anna respondeu, com sono: "*Mais vale quem Deus ajuda do que quem cedo madruga.*"

"Água mole em pedra dura tanto bate até que fura."

"Diga-me com quem andas que te direi quem és."

"Gato escaldado tem medo de água fria."

"Em casa de cego, quem tem um olho é rei."

"Quem empresta não melhora."

"Quem avisa, amigo é."

"Não deixes para amanhã o que podes fazer hoje."

"Saco vazio não fica em pé."

E assim vai.

Uma das grandes recordações é que ela adorava a Mangueira e todo carnaval ficava até altas horas para ver sua Mangueira desfilar. Adorava ver as peças que fazíamos em casa, principalmente quando montávamos shows.

Dizia que não gostava de cachorros, e que se entrasse um cachorro por uma porta, ela sairia por outra. Aí ganhei um cachorro, My Lord (meu irmão ganhou um cavalo; para consolo, ganhei um cachorro). Ele ficou lá em Copacabana, o cachorro, uma semana, sem ela perceber. Mas, um dia, ela descobriu. Se recusava a chamá-lo de Lord; para ela, o nome dele era Miorde.

Teve uma época em que todos os domingos íamos passar o dia na hípica, e ela ficava sozinha com o Miorde, que ficava de guardião na porta de seu quarto. Um dia, pegamos os dois conversando – sim, conversando, ela falava e ele escutava atentamente.

Minha avó era solteira, isto é, tia-avó. Teve um grande amor, Heitor, mas, na época, havia um outro ditado: "Casar para melhorar." Ele era moreninho, então, olha o preconceito aí!

João e Margarida eram muito levados e superativos, com isso, ela tinha a Ângela, sua afilhada, como a predileta. Vovó via muita novela e tinha uma atriz que ela adorava: Leila Diniz. Queria que a Ângela fosse igualzinha a ela. Meu Deus, Leila Diniz foi uma das mães solteiras mais lindas – e minha irmã também.

Todos ficaram preocupados: como contar que Ângela lhe faria bisa? Mamãe, com todo cuidado, começou a falar. E a resposta foi: "Será que eu estarei viva para ver minha bisneta?" Escutem minha gostosa gargalhada.

Mas eu também fui seu queridinho, muito bonzinho, adorava estudar com ela, que soletrava a cola labialmente. E eu ainda pedia para ela repetir a cena (estou gargalhando).

Ela gostava tanto de mim que resolveu partir no dia do meu aniversário. Realmente, eu nunca vou esquecê-la. Meus 20 anos, que porrada. Não cheguei a fazer 64, mas se tivesse aguentado quase um mês aqui na Terra, teria sido homenageado com a morte da querida tia Lígia. Que karma é esse?

3ª CENA

Leônidas

Com essa carinha tive um melhor amigo, meu primo Leônidas. Sua passagem na Terra foi bem rápida, mas no meu coração ele se eternizou. Margarida, uma das minhas irmãs, disse que ele foi morar no céu com Nossa Senhora e, durante um bom tempo, ela me chamava para falar com ele. Como? A casa era grande e ela ficava numa extensão do telefone e eu na outra. Ela imitava a voz de Nossa Senhora e depois a do Leônidas. E eu acreditava, e conversávamos sobre os brinquedos que havia no céu.

Essa foto me dá a sensação de que falta um. Pedro e Diogo nasceram depois de sua partida e eu acreditava que, mesmo invisível, ele brincava conosco. Outro dia, disse para a Margarida — que recebeu o apelido de Guida, que há pouco tempo descobri que quer dizer "filha da floresta". Que legal, essa é minha irmã, filha da floresta. Voltando, disse a ela que éramos luz, nossa essência é luz. Os olhos humanos não conseguem enxergar. Mas os olhos do coração, sim. Se não, não poderia estar escrevendo esse livro.

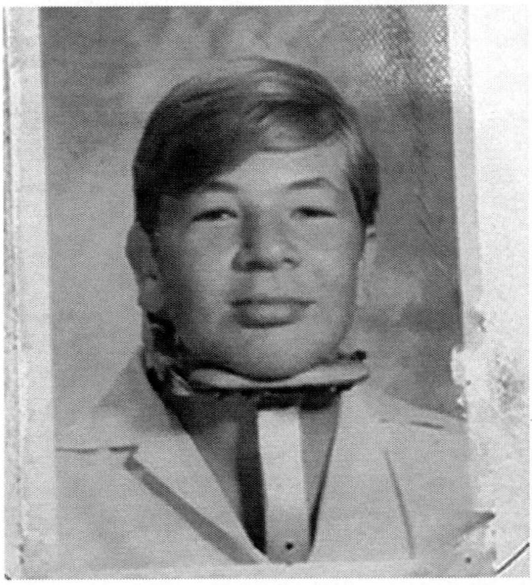

4ª Cena

Um "amigo" inseparável durante um bom tempo

Lembra do fórceps? Pois é, na pré-adolescência, resolveram resolver meu problema de coluna. Operar não, impediria meu crescimento. Me restou usar esse aparelho por dois anos. Além de ter me deixado mais torto ainda e ter deslocado os meus órgãos internos, me trouxe a abstinência. Namoricos 0. Eu me tornei a carona do meu irmão, nas festas, na moto, nas viagens – em tudo. Que porre. Andar a cavalo, nunca mais; bicicleta, nem pensar. Um dia, fui a uma festa com o João (meu irmão), ele entrou e eu fiquei na porta esperando (horas), não tinha convite. Ele pediu a um "amigo" para me botar pra dentro, mas esse amigo não apareceu. Mas a vida dá voltas e, depois de anos, eu, Dudu, me tornei o rei das pistas do "Privê", boate mais badalada da época. Tinha até uma mesa reservada para mim e meus amigos e com boca livre. Um parênteses: meu pai sempre disse que não existia 0800 e nem almoço de graça, que alguém estava sempre pagando. Pelo sim ou pelo não, ali estava eu animando a noite.

Na foto está faltando Gisele, nasceu depois que Leônidas se foi e se tornou minha primeira melhor amiga

5ª Cena

Aqui estava na minha primeira viagem

Essa viagem teve tanta história que dava um outro livro. Pra começar, no avião eu olhei pela janela e mostrei para o João a plantação de algodão, nuvens, sem comentários. Logo após, recebemos um paninho quente num plástico; o senhor ao nosso lado tirou o paninho do plástico e, segurando com as duas mãos, balançava e assoprava-o.

Nós o imitamos, esperando o próximo passo que ele desse para fazer igual. Depois de algum tempo, entendemos sua função: limpar as mãos.

Chegando à casa (Ângela sempre me disse que não podemos dizer *na casa*) dos primos, me encantei com a TV colorida. Me tornei, com o tempo, um "telemaníaco". Meu tio Milton fez de tudo para conhecermos a cidade e tia Gigi nos acordava cedo e dizia para irmos passear e aproveitar a viagem. Quase não vi televisão. Num dos passeios, fomos fazer um piquenique; não sei por que razão, tivemos que dormir no carro. Eu, no banco de trás, com o meu colete desconfortável; num certo momento, tio Milton abaixou seu banco e começou a me sufocar. Sussurrando, chamei seu nome — *"Tio Milton"*. Mais alto, já que ele não ouviu — "*TIO MILTON*". Aí, dane-se que os outros estavam dormindo, gritei: "TIOOOO MIIIILLLLTOOOONNNN". Ele levantou o banco e me acomodei com a cabeça na janela e tentei dormir, apesar dos pesadelos da Silvinha, minha prima, em inglês. Até que dormi e fui acordado com lambidas na cara, de um cão gigantesco.

Ah! Para melhorar, os hippies estavam nos observando e, quando eu acordei, começaram a bater palmas e cantar. Obviamente não entendia nada, essa linguinha me persegue. Acordados e assustados, fomos ao piquenique. Colocamos a comida em cima da toalha xadrez e, na primeira distração, esquilos chegaram e adeus lanchinho. Vamos para casa!

Oba! Fomos roubados. Assaltaram nossa casa e, dentre outras coisas, levaram os dólares do João. Pra quê? Passamos o resto da viagem tendo que economizar. Numa dessas quase fomos presos. Para economizar na passagem do

Subway passamos juntos pela roleta, e é óbvio que meu colete atrapalhou e o guarda nos pegou. Ficávamos andando por Nova York, pegávamos os folhetos dos museus e inventávamos que tínhamos visitado os pontos turísticos. Que nada, não podíamos gastar.

Bem, essa foi a minha primeira viagem. Quase fui para Índia, porém, problemas familiares não permitiram. Mas consegui ir para o México fazer um comercial. Um dia antes da partida, avisaram que meu passaporte estava vencido. *"Deus, é uma grana que posso ganhar!"*. Depois de um dia inteiro de correria, embarquei. Ufa!

Lá conheci a baixinha mais encantadora e talentosa, Salma Hayek. Quase me perdi no site de gravação; no quarto do hotel, só fiz cagada com tanto botão. E a gravação foi ótima, fiz sucesso, principalmente nos intervalos, quando me pediram para cantar Garota de Ipanema. Que M., não sabia a letra e resolvi fazer parceria com Vinícius de Moraes. Não me perguntem o que eu cantei.

Voltei para o Rio me sentindo rico e feliz.

Sim sou eu, na foto anterior, mas nunca toquei bateria. Depois de viver dois anos com aquele colete, finalmente um enfermeiro, santo enfermeiro, disse para mamãe que aquele colete estava me aleijando mais e alguns órgãos estavam se atrofiando e saindo do lugar. Um médico pode explicar melhor.

Bom, comecei a procurar minha praia, já que vivia dependendo da praia dos outros.Então – esse então vem seguido sempre de uma M.

Adoro essa foto. Meu irmão, João; meu pai, de um lado; na ponta direita, Zequinha, meu primo querido (vivíamos ultimamente querendo nos encontrar e não deu tempo); o Lula, que na época namorava a Guida, um grande irmão; e, finalmente, eu no meio, mandando o passado tomar no... Aí parti para construir minha vida.

6ª Cena

Minha grande e querida turma

O chefe das panteras

Meu pai e minha mãe sempre presentes
Essa era minha turma de 74 do colégio Santo Agostinho

Essas fotos são em Friburgo, esse último local era chamado de hangar. Tinha o teto de folha de alumínio e quando chovia (em Friburgo sempre chove) parecia que estávamos decolando. Hoje se tornou uma aconchegante sala de inverno, meu lugar preferido para jogar Sudoku.

Quem te viu, quem te vê. Minha obra. Sou um arquiteto e decorador nato, podem aplaudir. De sobra, meu carro, companheiro de idas e vindas ao Rio, para dar aulas de teatro. A Guida, por um bom tempo, ia comigo. Acompanhante zero: roncava, e quando eu fazia uma curva mais fechada ou tinha que frear, ela acordava assustada. Paciência era o meu nome.

Bem, no lugar da foto do hangar, vocês vão dizer: que aconchegante, que lindo! Também acho. Obrigado.

Voltando a minha turma do colégio Santo Agostinho, tenho muitas histórias desse tempo querido. Logo que eu e João entramos no colégio, não sabíamos nada de inglês. O João tem dupla nacionalidade, é brasileiro e americano. Bem, papai, para nos ajudar, arranjou uma professora, Miss Smith. O que eu aprendi? Que quando Miss Smith cantava ou falava, mexia a cabeça e sua peruca mexia! Fora que, nas provas, eu colava do João e minha nota era maior que a dele. Obviamente papai não era otário e nos tirou do curso. Resultado: palhaçada 10 e inglês 0.

Me tornei o palhaço do colégio. Até os professores riam de mim. Na faculdade não foi diferente, fiz comunicação com jornalismo e atuava em todos os turnos, isto é, quando tinha trabalho, me chamavam para defender. Me sentia o máximo. Na minha formatura todos me aplaudiram de pé, não sei se estavam comemorando o milagre de me formar ou realmente era popular e querido. Fico com o último, é melhor para o meu ego. Guardei o diploma e me enfiei na arte de me comunicar como ator, modelo, diretor e autor de mais de 56 peças teatrais. Essas deixo como legado para quem interessar e com isso me perpetuo na lembrança dos mais queridos e incentivo os que tiverem o dom de atuar no palco, o meu templo sagrado.

Durante 32 anos, me dediquei a ensinar a arte de atuar e aprendi que o palco não perdoa. Não existe amador nem protagonista, todos são personagens chaves para o desfecho de uma história. Ao palco, meu respeito e minha reverência.

Foto: Ensaio de "O Maestro", de Guida Abranches David (minha Guida)

7ª Cena

Lembranças com fotos

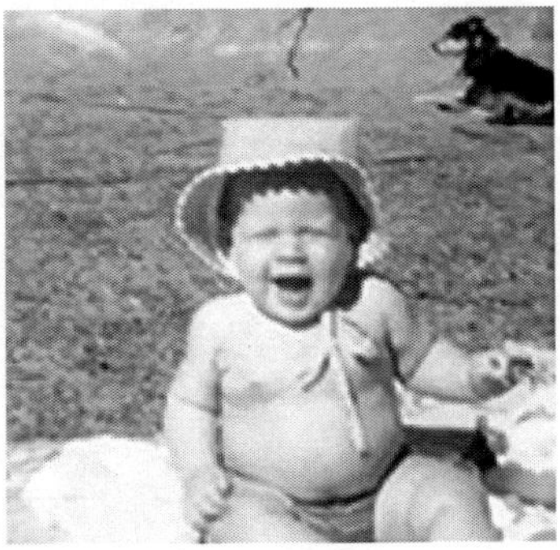

Olha o que tinha na barriga da minha irmã Ângela

Adriana, minha primeira sobrinha, fofinha e, como o tio, com olhos claros. *"Meda"*, a claridade bateu e a cegueira também. O My Lorde era seu guardião e a Lady Margarida também. Lady Margarida era uma vira-lata que se apaixonou pela Adriana e não saiu mais lá de casa.

Esta é Tânia Nardini, talentosa bailarina e querida amiga, sempre ria das minhas graças.

A Lúcia não nasceu velha, olha que gatinha. Agora, ela está me chamando de filho da p***

Vou contar só algumas de suas e nossas trapalhadas. Tem umas que são proibidas e constrangedoras. Essas me faziam acordar de noite e começar a rir.

A PRAIA

Lúcia estava fazendo uma novela como atriz. Entramos na praia em São Conrado e a rapaziada da Rocinha não parava de olhar para nós, e ela murmurou: *"Será que estão me reconhecendo?"*. A turma fez uma passarela, tinha gente de um lado e de outro. Eu não ia entrar no meio deles. Mas, ela entrou. Era uma passarela falsa, com um enorme buraco coberto com jornal e areia. Ela entrou no buraco, ai, socooorro. Eu ria tanto que não tive forças para ajudá-la.

PRAIA 1, 2, 3

Éramos ratos de praia, sol, chuva, calmaria ou ressaca. Então, volta e meia ela saía da água com gravata borboleta e com as mãos nos peitos. Fora os cabelos emaranhados de areia.

A barata – não, essa não posso contar, posso? A do tapa na cara do cara? Sabia, não posso. Ah! Posso contar a do carro, na estrada, que você pediu para parar? Tá, tá, tá. Não conto. Mas o da roda-gigante eu posso, vomitaram em cima de você.

A do cinema, que o cara que sentou do seu lado tinha um mau hálito horrível. O cinema estava cheio, era uma comédia. Quando ele ria, rá, rá, rá, esvaziava o ar no seu nariz e, num desespero, você grita: *"Fecha a tua boca!"*.

Quantas histórias, amiga, saudades.

Estamos embaçados, não estamos mais nesse plano terrestre.

Vocês sabem o sentido da palavra *amigo*? Até conhecer a Claudinha Carvalhal eu pensava que sabia. Que amiga! De todas as horas, para ela não tinha mau tempo. Nas pistas das boates, arrebentávamos. A minha gordinha dançava pra c*****o! Estamos juntos, rindo das nossas lembranças. Aqui vão algumas.

ÓLEO DE COCO

Barra da Tijuca deserta e nossa turma na praia curtindo o sol. Claudinha com um grande chapéu, sentadinha em sua cadeira, se enfiando de óleo de coco. De repente, uma nuvem preta se aproximando. O que seria aquilo? Meu Deus!

Um enxame de abelhas em nossa direção! Filme de terror! Alguns foram para água. Claudinha e eu corremos para o carro, mas as abelhas nos seguiam — era o óleo. Jogamos a cadeira na areia, o chapéu, a canga e não dava para jogar a Claudinha e sair correndo. Socorro! Por fim, chegamos ao carro. Meu Deus, cadê a capota? Os amiguinhos resolveram nos ajudar. Jogamos o óleo na PQP e as abelhinhas foram atrás! Que sufoco! Fim de praia, mas assunto para eternidade.

AULAS DE TEATRO

Sempre muito dramática minha amiga Claudinha. Em um exercício de aula, Guida, ela e eu no palco, e a Lúcia na plateia, às gargalhadas. Guida e eu juntos não convencíamos a ninguém. Em tudo na vida combinávamos, mas, contracenando… que M.

Nesse dia éramos amantes e a Claudinha, a mulher traída. Na história, ela chegava em casa e nos flagrava no maior love. Ela pega uma arma para nos matar. Morremos. Oh! Depois ela teria que se matar. E ficamos uns dez segundos esperando ela se matar e cair no chão para terminar a cena. Só que ela, quando nos matou, jogou a arma longe e não achava o raio da arma para se matar. Depois do incômodo do imenso hiato, ressuscitamos juntos sentando no palco. Ela nos olhou e com o dedo resolveu nos matar novamente. Eu perguntei: *"Que dedo é esse?"*. Ela respondeu, sussurrando: *"Perdi a arma, morre, pá, pá, pá"*. O drama virou comédia.

8ª Cena

A foto dispensa comentários. Sucesso aqui vou eu!

UÉ

?

Que ilusão

!

Querida Márcia Albuquerque, só nós na pista

Casal vencedor do Papagaio

Nas passarelas

Bem, eu ainda não tinha muito "nome" e ela ganhou dançando comigo como feminina e um outro que dançava com outra e tinha "sobrenome" como masculino. É...

Mas foi um bom começo, depois não saí mais das pistas. Com vários pares. Alice, Lúcia, Nádia, Claudinha, Lourdinha, minha querida prima postiça, e muitas outras queridas.

Viva a vida!

Conheci um ser fantástico, extremamente divertido e que me fazia rir; era zen e um dia disse que ia atravessar a parede. Isso mesmo, atravessar a parede. Haja maquiagem para disfarçar o "galo".

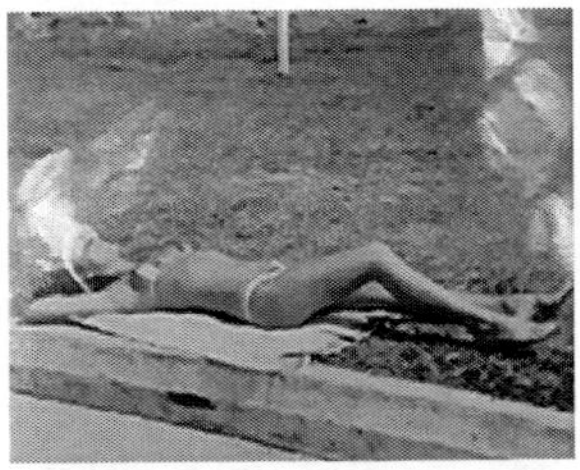

Minha amiga em Friburgo. Observem o lugar e vejam como está. Às vezes, Anne, conseguimos atravessar paredes

Irmã Guida, você também é zen e me ensinou a sonhar e construir castelos. Mamãe e eu (com a ajuda financeira do papai, era a preocupação dele; a família) construímos um paraíso. Só que o paraíso não é na Terra.

O que fica é o amor e o companheirismo. Nós sempre estaremos juntos, em todo o tempo éramos e somos parceiros. Vamos guardar e recordar os momentos engraçados, rir faz muito bem.

Nas passarelas, desfilando, e nas revistas e jornais, modelo fotográfico.

Claudinho Paiva, uma figura, ia à praia de meia e bermudão, um gênio! Desculpe a qualidade das fotos, o Rico deve estar me xingando. O importante é recordar, relaxa. Rico é um dos melhores fotógrafos que conheci, muito amigo do Claudinho.

Nessa época ainda era Eduardo Gomes Ribeiro, mas conheci a Tuca. A Tuca não existe, é incrível, maravilhosa e quis mandar na minha vida. E mandou. Hoje sou conhecido como Eduardo Bruno, ordens da Dona Tuca. Havia dias em que chegava em casa e dava gargalhadas com as suas histórias e cismas. Grande amiga, obrigada, valeu muito te conhecer.

9ª Cena

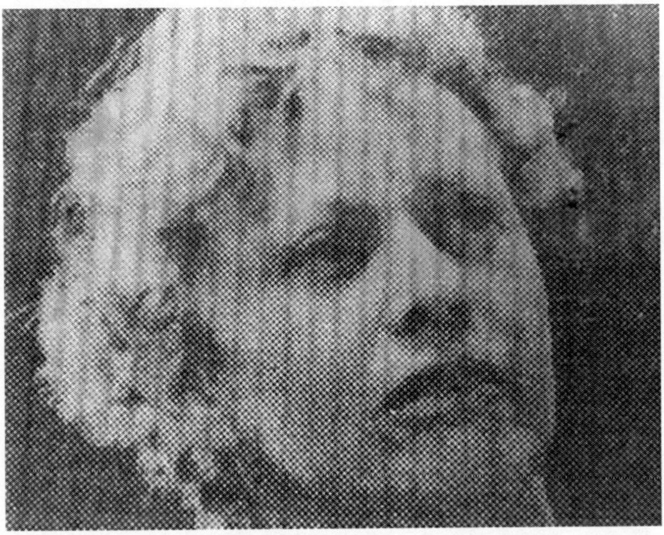

Maria Clara Machado, o que seria de mim sem
O TABLADO

Os 12 Trabalhos de Hércules

Platonov

Mais uma de Maria Clara

Essa é uma história que se repete com freqüência no cenário do teatro infantil. A temporada ganhou neste final de semana o reforço de mais uma peça de Maria Clara Machado, com a direção de um ex-aluno, hoje professor, do quartel-general da escritora, O Tablado. **A Gata Borralheira**, dirigida por Carlos Wi[illegible] estreou ontem no Teatro Ipanema [illegible] [illegible] de Jardins da Infân[illegible] [illegible] de qualidade artística

O elenco de A Gata Borralheira, cartaz do Teatro Ipane[illegible]

Nossa Cidade, de Thornton Wilder

Toda vez que vejo esta foto me recordo de um aluno que, no dia da apresentação, falava sussurrando e ninguém conseguia ouvi-lo. Depois da peça, chamei-o num canto e perguntei o que houve. Ele me disse que, como todos eram mortos, ele achou melhor falar sussurrando. Aí eu não aguentei: *"Porra, morto não fala, estamos apresentando uma peça e a plateia precisa ouvir"*. Sem comentários.

Nossa Cidade é um clássico do teatro que todo bom curso de teatro deveria apresentar. Tive a grata oportunidade de representá-la.

Já me perguntaram o que é preciso para ser um bom diretor teatral. Tem que começar como ator, não existe outra receita.

Aprendi tudo: maquiagem, luz, cenário, figurino, caras e bocas. Fantástica a minha eterna mestra. Grandes amigos, principalmente Neco e Jancer. Vamos nos encontrar um dia, com certeza.

O principal: muito divertido! Ficava pensando o que poderia fazer diferente para surpreender meus colegas em cena. A Clara adorava! O tablado foi o início de minha carreira como ator, subir ao palco sempre foi minha adrenalina preferida.

Clara dizia que o palco não perdoa e até ontem eu dizia a meus alunos que, quando a cortina se abre, não existe amador, todos somos profissionais da arte cênica. O ator, antes de entrar em cena, fica gritando *"Merda! Merda!"* — e uns não sabem o que isso quer dizer. Começou na França quando todos precisavam de muitas carruagens com os seus devidos cavalos para irem ao teatro. Os cavalos sujavam o chão de merda — e quanto mais cavalo, mais merda. E quanto mais merda, mais público, e quanto mais público, mais bilheteria. A Guida que diz que hoje em dia deveríamos gritar CO_2. Mas, quantas vezes eu falei m*erda*?

É uma delícia falar *merda*, estou gargalhando e cantando *merda* como um tenor.

Obrigado, meu Tablado.

10ª Cena

Minha vida com os Nardinis

Teatro "Era uma vez uma Gata",
com direção de Wilson Carvalhal

Entrava mudo e saía calado, mas a crítica me amou e fui indicado para o prêmio Coca-Cola. Fazer o quê? Eu e a portuguesinha (Magrassi) agradamos. Muito talentosa aquela baixinha (volta para o teatro, Cristininha).

A família Nardini entrou na minha vida mais ainda; agora não éramos mais amigos só do dia a dia, agora éramos profissionais da arte de representar. Estávamos em família e tudo estava muito bom entre desfiles, peças teatrais e ter tido a honra de participar do Bandança.

Toda viagem "a trabalho" era uma diversão.

Meu irmão de coração, Tony Nardini, minha amada Janice e a querida Jackie. Silvia Mattos estava conosco sempre aprontando, a irreverência era o nosso lema. Lembra, Silvia, quando fomos a um puteiro só para ver como era?

Nesse Bandança aconteceu um fato desconcertante, não sei como consegui atuar. Peguei emprestado um terno do meu pai. No paletó — esse que estão vendo — tinha uma fortuna em um dos bolsos internos. Papai guardava dinheiro em suas roupas. Fiquei sabendo na coxia, na hora em que vesti o paletó. Imagine se o dinheiro caísse no palco? Se alguém visse e resolvesse dar uma de Elza? E se eu chegasse em casa sem o dinheiro? Se, não existe, foda-se. Mas, eu tinha outros figurinos, como esconder aquela porra? Coloquei tudo na cueca, o dinheiro chegou em casa ensopado de suor. É, artista sofre.

BANDANÇA
em...
LOUQUECEU

11ª Cena

Dimpus

Estava tudo muito bom mas, precisava ganhar dinheiro, queria viajar para a Índia. Não escrevi ainda sobre a Lea Melo, minha professora de Yoga. Ela representou uma época "zen", fantástica, sábia. Nunca precisei de nada para ficar doidão. Nunca me droguei. Mas conheci essa sensação quando comecei a aprender a respirar com o Yoga. Como já disse, nasci torto e não soube o que era respirar por uma das minhas narinas. Os exercícios do Yoga me expandiram de tal forma o ar, que me faziam sair da academia rindo do nada. *"Maior barato"*. Em uma época, quando Ângela estava grávida, eu a levava para fazer Yoga; aí eu ria também, mas era do seu ronco. Ela relaxava tanto que roncava, a minha sensação era a de que ninguém conseguia se concentrar com aquela sinfonia.

Quando fui morar em Friburgo, logo procurei um curso de Yoga. Olha a minha turma. Eu e as meninas. Aí, todas estavam empenhadas em achar mais figuras masculinas para o grupo. Surgiu a possibilidade de um interessado. Ele poderia chegar a qualquer momento. Chegou! Quando viram o senhor, todas ficaram muito simpáticas e falaram para ele fazer uma aula experimental. Meu Deus, o cara estava de terno. Fizeram-no tirar o sapato. Meus Deus! O cara se sentiu constrangido, mas fez a aula. Envergonhado, no final, agradeceu a gentileza de todas e deu o seu recado, que não me lembro mais. Conclusão, não era o tal interessado — que, aliás, nunca apareceu. A risada foi geral quando o senhor foi embora, a minha, gargalhada, já estava presa desde que o senhor tirou o paletó e o sapato e sentou-se com aquela calça apertada. Só comigo…

Voltando a Dimpus, que me trouxe muitas alegrias, muito sucesso. Era seu modelo fotográfico e de passarela, além de trabalhar na loja. O Duduzinho, como gerente, batia todas as metas. Esse final doía no calo de algumas pessoas, que começaram a colocar pedras nos meus sapatos. A inveja é uma M. Isto é, a INVEJA é uma MERDA!

Mas eu agradeço a todas as adversidades, quando saí da Dimpus minha vida decolou como artista.

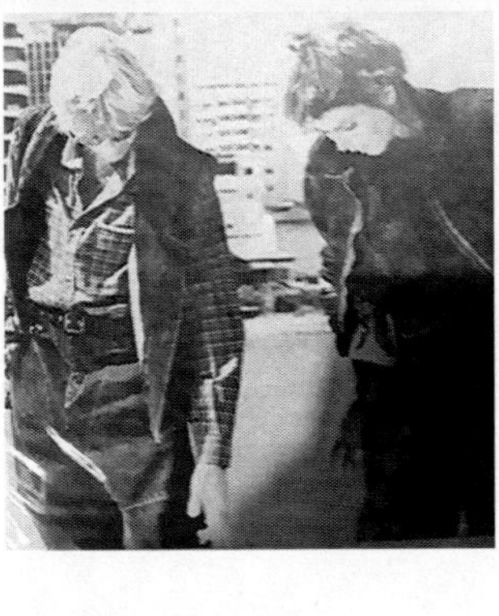

Não sei se foi nessa que eu disse que sabia andar de patins. Na verdade, nunca andei. Na época de aprender, a armadura do meu colete não permitia. E aí, não deu outra, me "estabaquei". Foi divertido.

Tem gente que ainda acredita em Papai Noel

É, Milton, se você ainda estiver por aí, era assim que eu trabalhava. A vida deve ser divertida. Tinha dias que não entrava um cliente e em outros dias, só caroço.

Adorava encenar e alegrar minha equipe de vendedores.

O mundo é dos loucos!

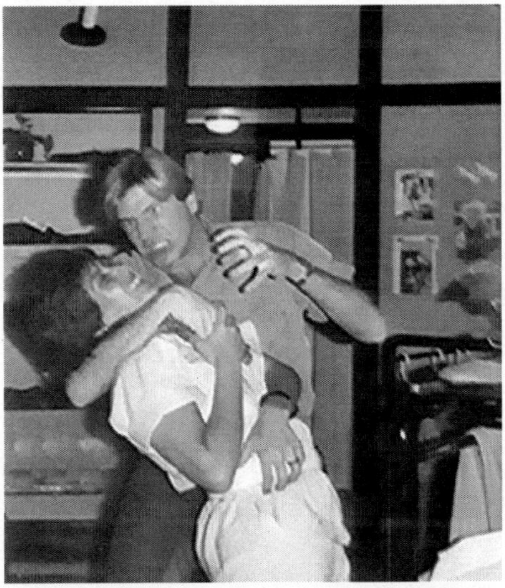

12ª Cena

Damião

Pois é, não fui viajar por motivos que já expus. Aí fui pedir socorro ao Damião. Damião foi um grande amigo e um excelente diretor, muito do que eu sabia de teatro aprendi com ele – ou melhor, sei de teatro. Afinal, somos eternos, e se algum dia voltar por aqui, terei essa vida do Eduardo como herança.

Damião estava montando Capitães de Areia. Já havia me despedido da Dimpus, me afastado um pouco do teatro. Surgiram algumas fotografias.

Campanha para Golden Cross. Não muito diferente da minha realidade, sem um puto no bolso

Capitães de Areia, sucesso de bilheteria, saí do sufoco. Obrigado, Damião!

Damião usava um tambor para dar ritmo às cenas; quando estávamos arrastando a cena, ele acelerava a batida. Aprendi com ele, também, que quando erramos um texto nunca devemos corrigir. É como pisar na merda, à medida que vamos andando, vamos limpando a sola do sapato, isto é, a merda. Levei isso para minha vida e para a vida de meus alunos do teatro. Continue, não pare, senão vamos perder a força.

Nessa peça, Damião me deu vários papéis e eu fui muito elogiado pela crítica. Eu me diverti muito! Como foi bom!

Agora estamos aqui, nesse outro plano, exercendo um outro papel.

Como temos histórias...

13ª Cena

Minha vida no porão do Villa-Lobos com Sura

Fui trabalhar como seu assistente e você me deu a chance de me tornar o diretor de teatro que fui. Muito obrigado, querida Sura.

Mas vamos aos episódios engraçados:

• Na sua casa, Neuzinha Caribé e eu esperando o Dick Farney, que iria nos patrocinar em uma de suas peças. Toca a campainha e você, muito amável, pede para o Dick entrar e começa a falar sem parar. Neuzinha começa a rir, com a mão na boca, eu não queria acreditar naquela cena. Quando você deixou o homem falar, ele abriu uma maletinha e tirou exemplares de bíblias. Você só dizia: *"Eu sou judia, eu sou judia, você não é o Dick"*. Quando a gente quis te avisar, você olhou pra gente com uma cara de repreensão. Inacreditável.

• E quando dávamos workshops? Lembra quando chegamos e quase não tinha ninguém, então resolvemos dormir um pouquinho numa das salas? Os patrocinadores ficaram nos procurando, até que, quando saímos da salinha, de óculos escuros, com a cara inchada de tanto dormir, o corredor estava cheio de alunos. Era tanta gente que não sabíamos por onde começar.

• E a nossa viagem a Foz do Iguaçu? Fiz uma peça, "Canavieiras", inspirado nessa viagem; não deu tempo de ir para o palco. Se tiver oportunidade, lê. Ou você vai querer me matar e não vai adiantar nada, ou vai morrer de rir e então estaremos juntos novamente. Vários personagens escrevi pensando em você.

Em Foz, a minha carinha expressava o que é Canavieiras

Valeu muito te conhecer, trabalhar com você. Mais uma vez, obrigado. Foi um sucesso contracenar Peter Pan com seu pai, foi muito divertido. O peixinho fora d'água, uma delícia... Mas, vamos às fotos.

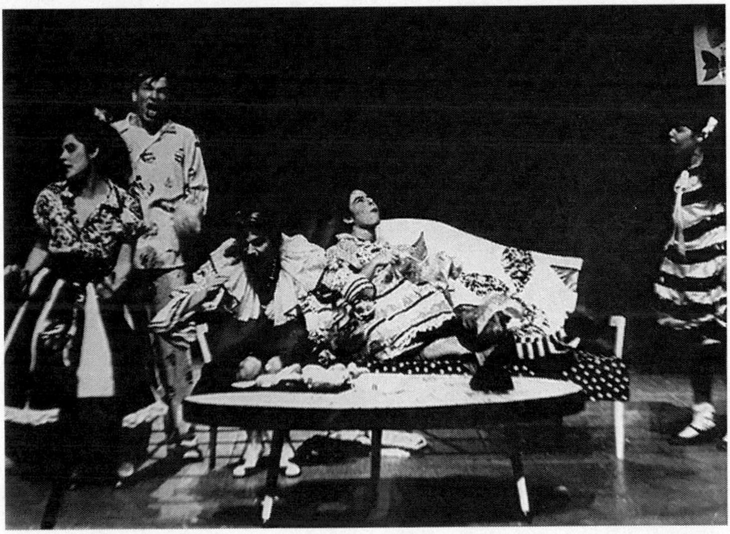

O mais gostoso era sairmos do teatro para comermos pizza. Em São Paulo, duros e lisos, aquela pizza rendia.

Recordo que, em uma das minhas voltas para casa, na Barra da Tijuca, do porão do Teatro Villa-Lobos, chovia a potes. Meu sapato estava furado. Desci do ônibus e, todo encharcado, resolvi deixar meu sapato num banco da praia e atravessei a rua descalço. Morava na Av. Sernambetiba, no Barra Bella. No dia seguinte, quando fui trabalhar, o sapatinho estava no mesmo lugar. Fiquei com pena dele, tão abandonado, e resolvi pegá-lo de volta.

Ensaiávamos e dávamos aulas no porão do teatro. Só nas apresentações que entrávamos no palco. Foi uma vida dura, com muito aprendizado.

Dois anos de sucesso!

Jancer querido, fizemos histórias

Eu era o Pai e o Capitão Gancho, muito bom

Todo fim de semana eu pegava a Maria, filha da Guida, minha sobrinha querida, para levá-la ao teatro. Ela era uma das indiazinhas no Peter Pan.

Presente de aniversário

Quando **Peter Pan** estreou, há um ano, Maria Clara Machado disse a Sura Berditchevsky que os deuses do teatro estavam a seu lado, e aconselhou: aproveite. Sucesso de crítica e fenômeno de público que tem lotado o teatro todos os fins de semana, o musical acaba de render à diretora o Prêmio Molière de teatro infantil. Belo presente de aniversário para uma equipe de primeira, apoiada por treze músicas de Edu Lobo e Paulo César Pinheiro, oito cenários, figurinos supercoloridos e belíssima iluminação. Tudo isso não impede que a peça escorregue no começo, quando a interminável discussão entre os pais das crianças Wendy, Miguel e João Napoleão procura ambientar no Brasil o conto do escocês James Barril. Mas o que é um casal numa superprodução com 58 atores? Além do mais, a rusga doméstica tem o mérito de sugerir que Peter Pan (Janser Rabello) tem razão: os adultos são uns chatos e o melhor mesmo é ser criança para sempre. Quando elas tomam a cena descobre-se que a Terra do Nunca — com seus piratas Capitão Gancho (Eduardo Bruno) e Barrica (Waldemar Berditchevsky), responsáveis por algumas das melhores cenas — é bem mais divertida do que o Brasil.

KARLA MARCOLINO

Barrica e Gancho: donos das melhores cenas

OSCAR CABRAL

PETER PAN. Adaptação e direção: Sura Berditchevsky (75 min). Estreou em 7/10/90. **Teatro Villa-Lobos** (250 lugares). Avenida Princesa Isabel, 440, Copacabana, ☎ 275-6675. Sábado, 17h e domingo 16h. Cr$ 2 200,00.

Fiquei todo prosa com a crítica

Aí, seu Waldemar, lembra quando entramos caracterizados em outra peça, lá em São Paulo? No andar de cima do teatro estavam levando uma peça de Bertolt Brecht. Até isso aconteceu, erramos de andar e de peça. (Estou rindo sem controle)

Mas, cá pra nós, foi o melhor da peça, pelo menos todos riram, conseguimos descontrair aquele clima Brecht.

Com um elenco de 50 atores, o musical infantil Peter Pan estréia hoje no Villa-Lobos

ÍNDIOS: Daniele Moskovics, Fabiana Fernandes, Salete Rios, Daniella Kircher, Felícia Lima Paes, Gabriela Strobel, Aline Sarkis, Oldair Filho, Leonardo Senna, Márcia Monteiro, Andréa dos Prazeres, Aline Rabello, Alexandro Becker, Dayse Crisar, Sérgio Silver, Suzi Molina, Maria Clara Guim, Maria Abranches David, Renata Linhares, Luísa Linhares, Nayana Pontes Bollorini, Johara Pontes Bollorini.

Toda apresentação para um ator é uma estreia. Cada dia é diferente. O teatro é mágico, o palco é um templo.

Dessa professora guardo a recordação de uma crítica que achou o máximo eu ficar consertando o sutiã toda hora. Ela disse que aquele gesto que coloquei na personagem foi de extrema sacação. Não coloquei nada, o raio do sutiã me incomodava. Se eu fosse mulher aderiria por não usá-lo. Mas, obrigado, na época fiquei quietinho.

Naquele tempo, fazíamos teatro pela arte de fazer. Dependíamos do borderô. Se não tivesse público, não haveria grana. Uma vez ou outra surgia um patrocínio. A Lei Rouanet veio e não melhorou nada a vida do ator. Desculpe, só a dos mesmos, plim, plim. E muitos, que sei bem quais, usaram essa Lei para fazer ou lavar dinheiro. Assistam ao filme "Os Produtores".

Participei de poucas novelas por conta do chamado dos amigos.

 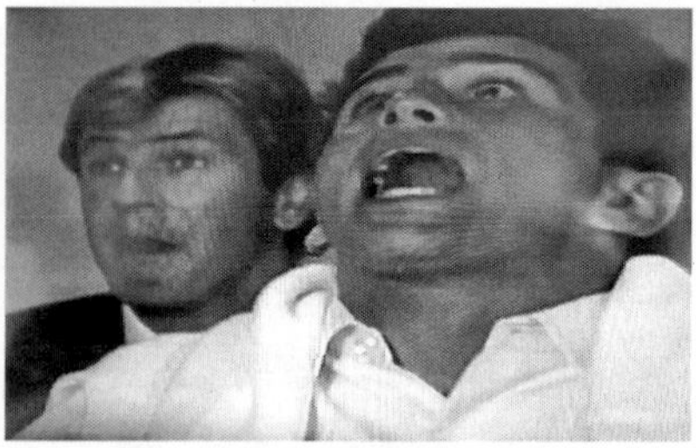

Você tinha essa foto, Laurinho? Nem eu. Minha prima Silvinha, assistindo *"Vale a pena ver de novo"*, tirou da TV e postou no grupo do WhatsApp, *"Amigos do Dudu"*, que minha irmã Guida criou logo que vim morar aqui com você. Pra quem não sabe, Lauro Corona veio para cá muito antes de mim e essa foi uma das últimas vezes que estivemos juntos.

Obrigado por essa lembrança, prima.

Você reparou, Laurinho, a cor do meu olho na foto com o Frota? Agora ele é colarinho branco. Só "sassaricando".

A TV que me desculpe. Apesar de saber todas as datas, o nome dos atores e seus personagens, eu sou do palco. Incrível, antes de vir para cá, não assistia mais televisão, me revoltei com a falta de profissionalismo de alguns colegas. O ator deve se reservar à arte de representar independentemente de suas escolhas políticas, religiosas e etc.

É, já estava na hora de sair daí.

Mas foi ótimo!

Essa cena está imensa; também, cena 13. Chega!

14ª Cena

Agora vou falar um pouco do meu pai

Minha mãe já estava me sinalizando. Um dia, o meu carro quebrou e eu liguei para casa, pedindo ajuda ao papai, e minha mãe me perguntou: *"Se ele não estivesse aqui, o que você faria?"*. Liguei para uma amiga.

Ele chegou à patente de Major Brigadeiro, meu avô foi Ministro da Guerra, a família por parte dele era praticamente de militares. Eu nem pensava em ser, por conta da minha coluna. Um dia, meu pai me arranjou um emprego em Brasília e eu disse que preferia trabalhar num circo de lona. Ele riu muito.

Só fui perceber que ele era o meu chão quando fiquei sem ele. Que porrada, tive que amadurecer de uma hora para outra

Acabei trabalhando num circo (Circo Voador) que a bilheteria sempre zerava, mesmo tendo o Tonico como chamariz. Teve um dia que na plateia tinha a Guida, o Lula e mais um assistente. Nem tudo são flores.

Papai sempre ria das minhas trapalhadas. Numa certa vez, estava indo de ônibus para um ensaio, morávamos na época em São Conrado, era muito cedo e, com sono, peguei a condução errada. Quando me dei conta, estava no canal da Gávea. Resolvi saltar com o ônibus andando. Pra quê? Quando saltei estava passando uma senhora avantajada, cheia de sacolas. Adivinhe. Eu e a senhora caímos no canal. Isto é, eu empurrei a dona e ela me segurou e fomos juntos para a merda. Saí rápido, sujo e com nojo e a senhora ficou gritando: *"Filho da puuuuuta!"*.

Cheguei em casa todo cagado e quando papai me viu, começou a rir. Quando eu contei a história ele sentou, de tanto rir. Liguei para Lúcia, ela ainda estava dormindo e desligou o telefone na minha cara. Não deu 20 segundos e ela me liga, às gargalhadas. Fiquei imaginando a gordinha com aquela quantidade de sacolas, coitada. Que merda, literalmente.

Esses dois cavaleiros vieram me buscar e eu embarquei nessa viagem eterna. Acredite quem quiser. Enquanto segurava o Pedro, sobrinho, no colo, estava nascendo meu verdadeiro filho, que só fui conhecer muito mais tarde, no teatro, como aluno. E aí, num belo dia, sua mãe me chamou para conversarmos. Bem, é melhor não deixar registradas algumas coisas. O importante é que tenho um filho maravilhoso, que se foi muito antes de mim. Meu Cometa de Luz. Quando você chegou, ficava imaginando como seu avô, meu pai, se sentiria feliz. Quando você se foi, pedia para ele cuidar de você. E cuidou. Algumas lágrimas fazem bem aos olhos.

Vou dedicar um capítulo só para você. Temos muitas passagens ótimas

Como te prometi, pai, cuidei da nossa Solange até o meu último suspiro. Estava aflito para falar com o Lula e com a Anita, meus irmãos pretos que cuidam da casa, para que pudessem vir todos os dias e também olhar minha mãezinha. A Marly foi um presente de Deus e só podia vir duas vezes por semana. Estou vendo daqui que temos muitos anjos chegando para esse fim também. Obrigado, irmãs, estejam sempre unidas, nossa Rainha merece.

Olha a escada que a mamãe sempre quis ter no Brasil. Fizemos em Friburgo, modelo americano, de Washington, onde vocês moraram, para nossa casa em Friburgo. Aqui era Natal. Você, pai, não gostava das festas de fim de ano, algumas recordações não eram boas. Mamãe se arrumava toda e você com sua bermuda e com um olhar longe e pensativo.

Todos os anos tiramos fotos em frente à lareira.
Esse ano não estarei mais lá

Olha a televisão

E olha agora

A *bunda de elefante* continua a mesma (como o tio Décio, irmão da mamãe, chamava a lareira), mas a parede e a TV...

Mamãe, como já disse, ensaiava os netos para as festas de Natal. Quem está com essa incumbência ultimamente é a Adriana, neta mais velha.

A maioria de seus netos está aí, pai; só faltam o Pepê, que na época não sabíamos que existia, e a Mariana, que ainda não tinha nascido.

A família foi crescendo, nos dando força para aguentar sua ausência. Agora, muitos casados, com filhos. Já são nove bisnetos. Nessa foto, só Dakró e Aurora.

Chega! Vou partir para outra cena. Vem comigo, pai

15ª Cena

Num belo dia descobri que era pai de um adolescente, my God

Meu baby foi morar comigo e precisava estudar, nem só de teatro vive um filho. Foi para o Santa Mônica, onde Pedro e Maria estudavam, filhos da Guida

Meu filho foi o susto que eu sempre quis.

Entrou para a família como se sempre estivesse ali

EDUARDO BRUNO (quarto à esquerda) e alunos premiados

No teatro, estava em pouco tempo dominando os palcos Muito querido por todos e todas

Querida Marlu, fumava um cigarro atrás do outro, mas foi e é uma pessoa maravilhosa, com o coração maior que um mundo. Maravilhosa Regina, atriz, avó do meu primeiro pequeno príncipe

Vou contar como foi isso. Acordei um dia e, de repente, um amigo, Jancer, me liga, perguntando se teria uma bolsa para o curso de teatro para seu afilhado. *"Lógico, amigo"*. Me aparece o Pedro Paulo, com um sorriso familiar, meu coração bateu diferente. Meses depois, a mãe do Pepê marca um almoço comigo. Meu Deus, da noite para o dia virei pai. Sabe lá o que é isso? PAI!

Amigo sempre, mas pai educa e orienta.
E eu tive que aprender na porrada o que era
ser pai de um adolescente

Não podia dar tudo, mas dei

Morávamos num quarto e sala, mas ele queria um labrador e a Bianca entrou na nossa vida. A bichinha era tão faminta que comeu vários CDs meus

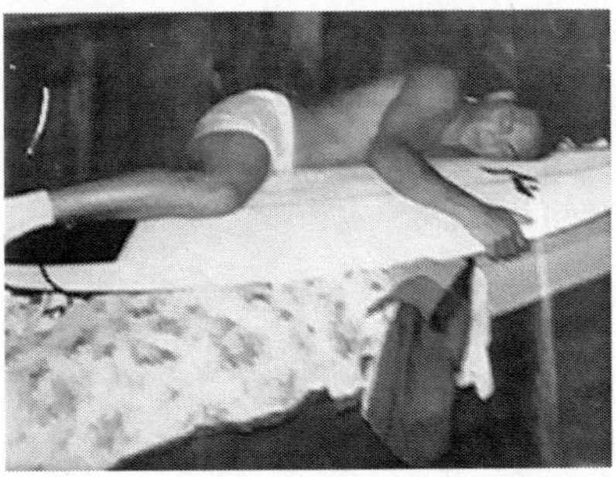

Queria ser surfista e foi

Ganhou uma família que o adorava, os primos e meus queridos e eternos irmãos de coração, Guilherme e Denize, que muito me ajudaram na sua passagem aqui na Terra.

Pedro David, querido sobrinho, seu melhor amigo, tirou várias fotos para o seu book fotográfico. Ele foi assim: lindo, irreverente e muito querido

No teatro, tinha a voz de trombone, e mesmo na coxia, que é lugar para se cochichar, ele não conseguia conter a sua voz e nem os seus namoricos. Quanto ao último comentário, puxou a família do meu pai. Teve um tio que morreu por conta de ter se metido com mulher casada, era conhecido como Joãozinho da Lapa. Voltando à voz de trombone, em vários espetáculos, eu, no segundo andar da plateia, na casinha de luz e som, escutava a sua voz. Ele conseguia falar, às vezes, mais alto do que os atores em cena.

Não posso deixar de contar nossa passagem quando estive hospitalizado. Fez questão de ser meu acompanhante. Que bom! Na primeira noite, quando o enfermeiro entrou para me dar remédio e acendeu a luz, ele logo se manifestou: *"Pô, apaga a luz, cara, eu quero dormir"*. Veja meu sorriso amarelo pedindo desculpas para o enfermeiro. Pela manhã não foi diferente, as camareiras entraram abrindo as cortinas e trazendo o nosso café. Escuta-se: *"Porra, não se pode dormir nessa casa?"*. Sem comentários.

Meu adorado filho era bom, sincero, adorava crianças e animais. Talvez, um pouco teimoso:

– Pepê, cuidado com o carro da sua madrinha na prainha.

– Pode deixar pai, eu me garanto.

Não se garantiu e até hoje devo um carro para a querida Ellen. Roubaram o carro. É, roubaram.

Aos AMIGOS, TUDO. Nilceia ficava doidinha, mas gostava. Fazia comida de manhã e à tarde não sobrava nada. Haja supermercado e dinheiro para saciar a fome do meu Bambam e seus amiguinhos. Nilceia foi uma grande amiga que trabalhou em nossa casa. Adorava o meu Pepê.

Por altos e baixos da vida, senti a necessidade de vir morar em Friburgo. Minha mãe veio primeiro. Aqui em Friburgo, fiz um quarto para ele, que não deu tempo de ele ver.

Estava muito feliz em ir para Bahia. Queria ter voltado de avião. Não pude ajudá-lo financeiramente, e ele voltou de carona com uma amiga e sua filhinha, de carro.

Que carma. Meu pai nos deixou num desastre de carro; sua mãe, minha avó, também. Meu filho ficou na estrada, mas seu corpo veio de avião.

Na época pensei em enlouquecer de tanta dor, como dói e como doeu até ele ter vindo me buscar.

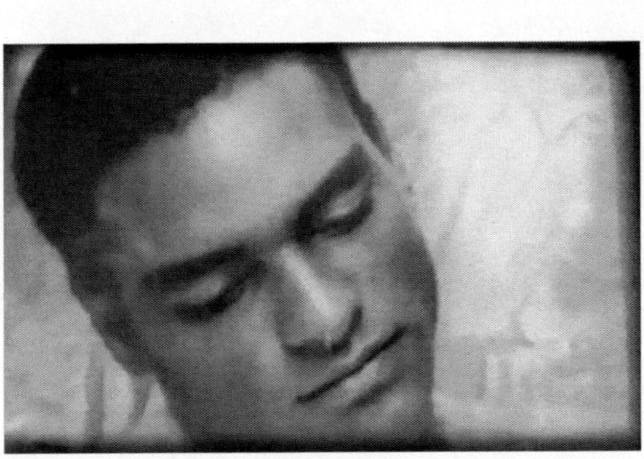

Dorme, filho,
agora estamos juntos

Ellen, querida, obrigada por me ajudar a cuidar do nosso menino. Te amo

16ª Cena

Voltando ao porão do Villa-Lobos

Começo de minha carreira como diretor de Teatro

Observem o último nome, Maria Abranches David, minha sobrinha querida que tem todo o talento para as artes. Foi uma excelente atriz mirim, depois partiu para o ballet e se deu maravilhosamente bem. Foi maître de ballet, coreógrafa e partiu para conhecer o mundo. Conheceu sua alma gêmea nas suas andanças e me deu três sobrinhos-netos que me chamavam de vô. *"Meu vô"*. Meus netinhos amados, sonhávamos em ir para a Disney. Um dia vocês vão levar meu passaporte.

ROMEU E JULIETA

A TRAGÉDIA

Baseado no Romance de William Shakespeare
Supervisão Geral, Adaptação e Direção: EDUARDO BRUNO
Assist. Direção: ANALÚ PONTES
Produção: PAULA GUIA

ELENCO

Gabi Amaral - JULIETA
Cláudio Garcia - ROMEU
Waleska Arêas - MEDÉIA
Márcia Brasil - VEROSKA
Maria Clara Guim - DESDÊMONA
Daniella Kircher - CACILDINHA
Sandra Carllitos - EMÍLIA
Gustavo Carmello - BENVÓLIO
Saleta Rios - CORDÉLIA
Rodrigo Machado - IAGO E CASSIO QUARTUZ
Joana Dulcetti - ZEPINHA
Rogério Sandro - OTHELO E ZÉ DE NAZARÉ
Aline Rabello - ROSALINA E MARIA DO BOLE-BOLE
Alexandre Barros - JORDANA
Cláudia de Oliveira - TIBALTO
Isnar Pitthan - SENADOR

Andrea dos Prazeres - VIVIANE
Pedro Paulo - BOBO DA CORTE E GUARDA
Paula Guia - VITORIANA SABRINA
Felipe Garcia - FREI LOURENÇO E GUARDA
Jane Soares - MUÇULMANA DO HARÉM E ESCRAVA
Barbara Reis - COVEIRA, ESCRAVA E ANJO
Kadu Garcia - GUARDA
Aline Sarkis - ESCRAVA E ANJO
Gabriela Strobel - ESCRAVA E ANJO
Silmar Garcia - ESCRAVA E ANJO
Roberta Martinelli - ESCRAVA e ANJO
Theodora Chevalier - ESCR. E ANJO
Renata Alves - ADERECISTA E ANJO
Bernado Palmeira - ROMEUZINHO E GUARDA
Maria Abranches David - JULIETINHA E MUÇULMANA MIRIM

CONVITE

Eles com a bisa

Sim, é a Maria, a arte de fazer caretas igual ao tio e diretor teatral.

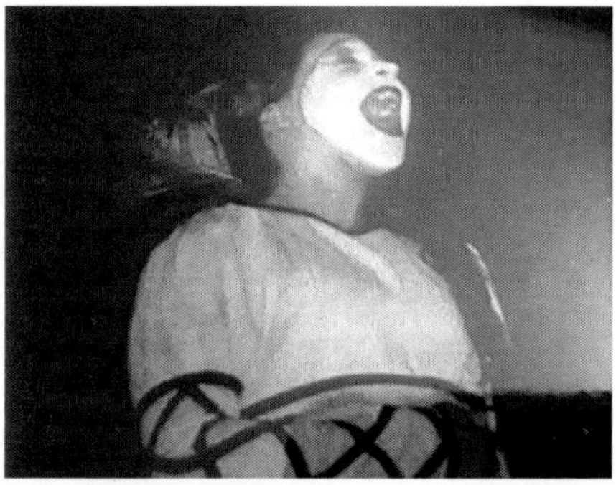

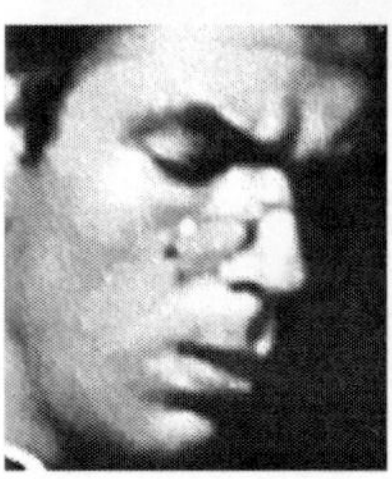
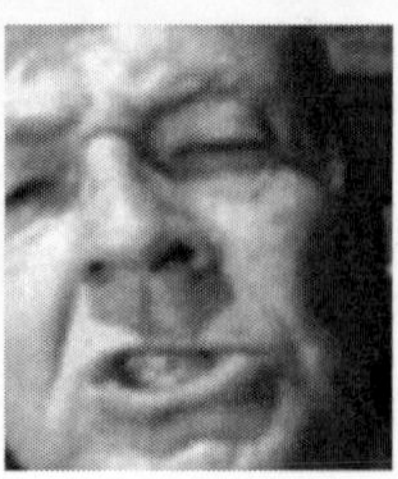
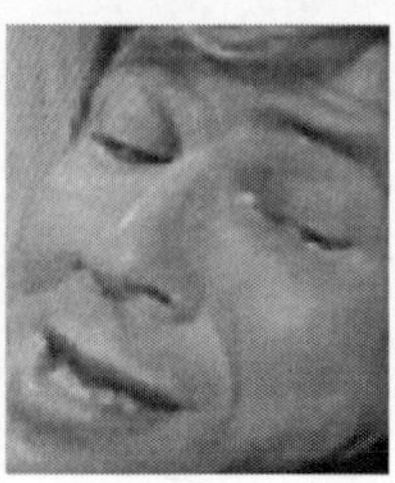
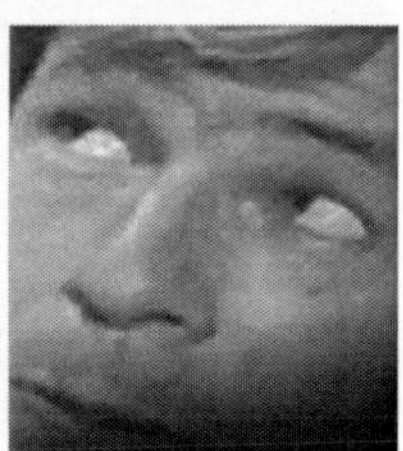

Com caras e bocas dirigi muitas peças no Villa-Lobos, mas tudo na vida deve ser como uma cena: princípio, meio e fim. E chegou ao fim minha vida no porão.

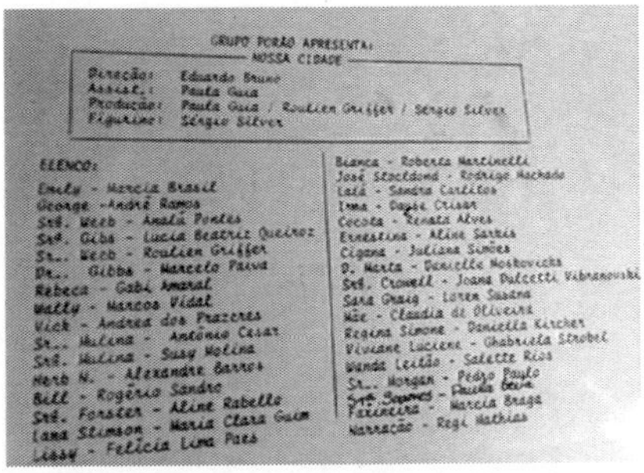

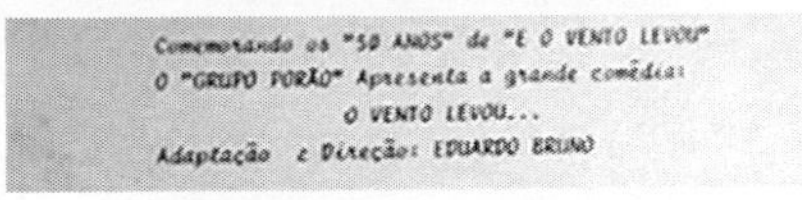

Com essas e muitas outras me despeço agradecendo ao Teatro Villa-Lobos

17ª Cena

Parti para a Barra

Caramba, com a minha maleta, a vitrolinha na mão, andava do posto 6 ao 5 da Sernambetiba para dar aulas para quatro alunos, Pedro e Maria, que eram bolsistas, e dois amigos. Conheço muito bem a música *"Começar de Novo"*. Mas, era perto de casa. Altos e baixos da vida.

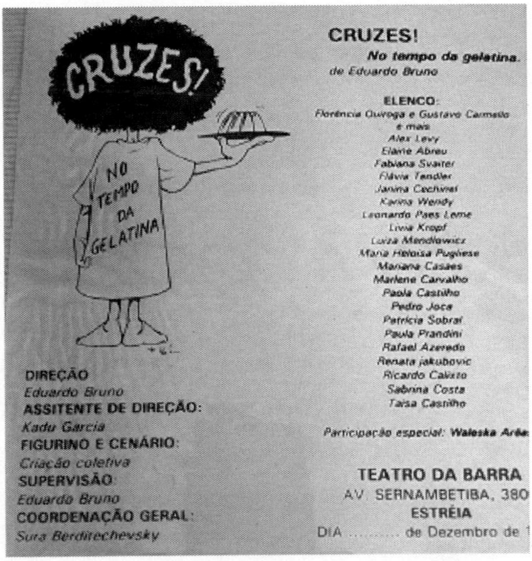

Nasci em Botafogo, em uma boa casa, e imediatamente fui para Copacabana, onde vivi 18 anos. Conselheiro Lafaiete. Um apartamento gigante, um por andar. Já contei que adorava passar as férias em Friburgo, mas voltar para casa era um conforto. Todos os anos papai aproveitava a temporada de férias para pintar o apartamento. Chegar em casa, tomar um banho e deitar numa cama bem esticada... Que maravilha. Meu pai dizia que mamãe deveria ter sido camareira na outra encarnação. Ele não deixava ninguém fazer sua cama, tinha que ser a Solange. Bons tempos,

Copacabana. Mas teve seu princípio, meio e fim. A caixa começou a esvaziar e tivemos que vender o apartamento. Fomos morar no Jardim Botânico, atrás da Hípica. Legal, eram dois apartamentos. Mamãe, papai, Zé Leopoldo e vovó Naninha moravam embaixo. Eu, João, Margarida, Ângela, Adrianinha e My Lorde em cima.

Bem, eu disse legal — vamos dizer legalzinho. Saímos de um apartamento onde podíamos andar de bicicleta ou patins no corredor e jogávamos pingue-pongue na mesa da sala de jantar. Nesse apartamento do Jardim Botânico, minha avó partiu para o eterno. Dissemos para Adrianinha que ela agora moraria no céu. Quando a Adriana viu o corpo na cama não entendeu nada. Margarida, como sempre, disse que iríamos colocar o corpo em uma caixa bem bonita e que o Papai do Céu a pegaria. Pra quê... Adriana ficou velando o corpo, esperando para ver o Papai do Céu. Foi um custo tirar ela dali. Aí a Margarida disse que Ele só viria buscar se não houvesse ninguém ali. Que imaginação... No dia seguinte, ela acordou todo mundo dizendo que a bisa virou um passarinho. Realmente, tinha um passarinho cantando na janela do seu quarto.

Margarida casou com o Lula e nos deixou. Aí, uma surpresa: o cara de quem papai comprou esses dois apartamentos deu uma de desonesto, é difícil acreditar. Papai comprou o apartamento na honra da palavra. Ele sempre dizia que a palavra do homem valia mais do que qualquer assinatura. Infelizmente, não vale. Perdemos os apartamentos e fomos morar na mesma rua, de aluguel. Esse era grande, mas não era nosso. Com muito esforço, anos depois, demos entrada num apartamento em São Conrado. Esse sim, era um senhor apartamento. Nisso, papai sofreu um desastre de automóvel e partiu para uma melhor. Nessa época, Ângela já morava em Friburgo, João casou-se com a santa Izabel e estava em Corumbá. Margarida já tinha se separado do Lula e, com seus filhos, Pedro e Maria, morava conosco. Eles estavam no desastre.

Mamãe ficou arrasada com a ida do papai, o que amenizou foram os netos e sua filha. Margarida ficou seis meses numa cama, quebrou a bacia em vários lugares, braço direito, etc. As crianças não sofreram nada. Cuidamos eu e mamãe desse quadro triste e, no fim de um ano, tivemos que nos mudar para um quarto e sala. Ou vendíamos o apartamento de São Conrado ou vendíamos Friburgo. Optamos por vender São Conrado. Fomos morar no Barra Bella, em frente à praia da Barra. Margarida foi para um apê alugado. O cinto apertou novamente. Jurei a mim mesmo e ao meu pai que devolveria para mamãe a mansão que morávamos em Copacabana. Consegui, só que foi em Nova Friburgo.

BINGO!

Estou com cara de Bingo?

18ª Cena

Meus irmãos

Como disse, eu fui o caçulinha. Meu irmão mais velho, José Leopoldo, filho do primeiro casamento do papai, está morando em São José dos Campos, São Paulo. Casou-se com Aninha, amiga de Ângela, irmã do pai de Adriana. É, desde sempre a família se cruza. A irmã do meu pai, que chamamos de vovó Flora, era casada com o vovô Eca (Juca; "Eca" por que era careca), que, por sua vez, era tio da mamãe, irmão de seu pai, meu avô Diogo. E assim vai.

O Zé e a Aninha adotaram uma menina e hoje já são avós. Ele trabalhou em Furnas, fala cinco idiomas. Sofreu muito com a perda da mãe e depois do nosso pai. Família é uma coisa muito séria e muito cármica também. Uma coisa que eu aprendi é que não dá para brincar de casinha.

Ângela teve três filhas (de todas fui um pouco pai): Adriana, Maíra e Mariana. Agora, ela também é avó de quatro netos.

Margarida teve três filhos, Pedro, Maria e Paulo Roberto. No momento está com três netos — meus netos, como já disse, Dakró, Aurora e Irineu. Parece que está chegando mais um aí. Fico na torcida, Paulinho.

João mora em São Paulo, capital, com a santa Izabel, e me deu três sobrinhos, Carolina, Diogo e Joaninha. Carolina é minha afilhada. Minha primeira e única afilhada. Obrigado, irmão. Já tem quatro netos.

Sempre fomos unidos, apesar das divergências. Quando o bicho pegava entre nós era por pouco tempo, o sangue sempre falava mais alto.

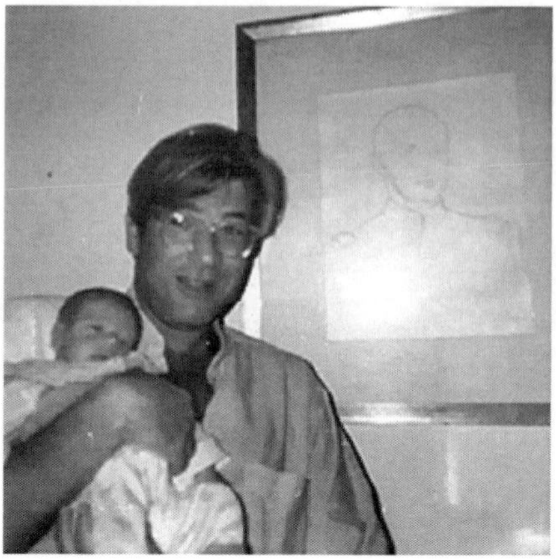

Pedro

Pedro,
Maíra,
Maria e
Paulinho

Eu, Dakró, Maria,
Cleideumar e a minha
Aurorinha

Felipe e Maíra

Madu, de Mariana e Pedro

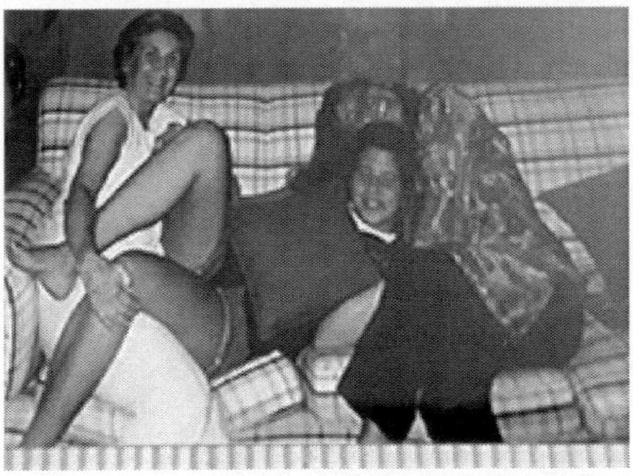

Solange, Adriana e Ângela

Ângela, filhas e a neta caçulinha

Tirem fotos, elas contam histórias

João, tivemos histórias ótimas também. Lembra do Teatro da Praia em Copacabana? Fernandinha, nossa vizinha, disse que era imperdível ver o show do Baden Powell. E fomos nós ver o show. Éramos os mais jovens da plateia e ficamos esperando o cara, solo, com seu violão, passar para começar o show. Estou "vivendo" de rir.

Lembra daquela vez, eu passando mal no Espírito Santo? Comi um baiacu envenenado, quase morri. Você e o Gil resolveram me tirar do hospital depois que eu enchi a privada de sangue. Papai conseguiu um voo na capital e os médicos não queriam me liberar. Aí o Gil roubou a ambulância, meu Deus, até isso aconteceu na minha vida! E você me roubou do quarto e fomos nós em uma velocidade que só o Gil sabia dirigir. A turma tentou nos seguir de carro. Claudinha, esposa do Gil, era muito engraçada: quando ria, se molhava. Ali ela riu de nervoso e se encharcou. Minha querida amiga Alice, companheira das pistas de dança, também fazia parte desse grupo. Ela se casou com um grande amigo seu e se tornou a Sra. Valente. Te amo, Alice, você é super gente boa. Até tenho uma cadela com o seu nome. Conseguimos chegar ao aeroporto, eu semivivo. Obrigado, irmão, você me salvou.

Ângela, estou recordando nosso desfile de carnaval. Só vendo, você segurando aquele adereço pesadíssimo depois de algumas muitas cervejas. O adereço virou vassoura e você empurrava o lixo da avenida. Pena que, naquela época, não tinha celular para te filmar. Ficou na minha memória eterna.

Guida, não podíamos ir ao teatro juntos, principalmente quando a peça ou a apresentação era ruim. Não controlávamos o riso. Lembra da mãozinha gorda cantando e as meninas sapateando? E quando os atores eram tão teatrais que quando contracenavam se cuspiam? Nós estávamos na primeira fila. Se eu soubesse, teria levado um guarda-chuva.

E a nossa irmã se mexendo na cadeira e levantando um dos lados? E o *day after* dos feriadões? Quando todos gostavam de ir para nossa casa, você e Ângela iam trabalhar e sobrava para o Duduzinho. Agora eu não vou rir porque não tem nenhuma graça.

Alegria de ver todos chegando, mas quando iam, quanto alívio!

Essa é a santa Anna que, eu aprovei de cara: "Essa sim, Paulinho"

A vida é BELA!

Meus netos. O mais levado é o Irineu; quando era pequeno, adorava tirar a roupa. Nos sábados, durante um ano inteiro, pois o Dakró e a Aurora tinham que ensaiar a peça, íamos ao Rio e Irineu ia conosco. Várias vezes subia ao palco pelado. O ensaio era interrompido. Santinho.

Mais levado que ele só o Paulinho. Um dia, no supermercado, um cara soltou um gás. Ele, com seu cabelo de pipoca, deu um grito: *"Que cheiro horrível! Você soltou um pum na minha cara!"*. Imaginem a minha cara. Eu sempre estava com ele, a Guida tinha que trabalhar e ele ia comigo para todos os cantos. Outra vez, ele chegou para uma senhora, na fila do supermercado também. *"Você não escovou os dentes, nojento, está tudo amarelo"*.

E outras. Mas era esperto. Com uma semana de colégio ele perdeu a condução e, com medo da bronca da mãe, me ligou pedindo socorro. O colégio ficava em Vargem Alta e nós morávamos na Barra. Nunca tinha ido lá. Ele tinha sete anos. *"Eu sei ir"*. Confiei. Chegamos. E ainda me ensinou como voltava.

Família
Gabriel, Maíra e Lucas

O que a Maíra foi de santa na sua infância, os filhos têm de pestinhas. Com todo o amor, quando eles vinham para Friburgo eu tinha que recolher as peças que quebravam. Parecia que tinha entrado um batalhão de dois. Amada Maíra, obrigado por tudo. Você é uma sobrinha especial.

Dioguinho, como você cresceu. Fico muito feliz de te ver com uma linda mulher e com filhos maravilhosos.

Você não deve se lembrar de quando andávamos com o meu bugre sem capota. Um dia, saindo da Barra e indo para Copacabana, o ar era tanto que você gritava: *"Tio, não tô conseguindo "repilá""*. Tadinho. Tivemos pouco contato, mas, como já disse, sangue é sangue.

Vovô e vovó, que maravilha.
Izabel, querida, sempre te considerei como uma irmã

Nós e as feras. Segura, Izabel!

Os netos da Ângela

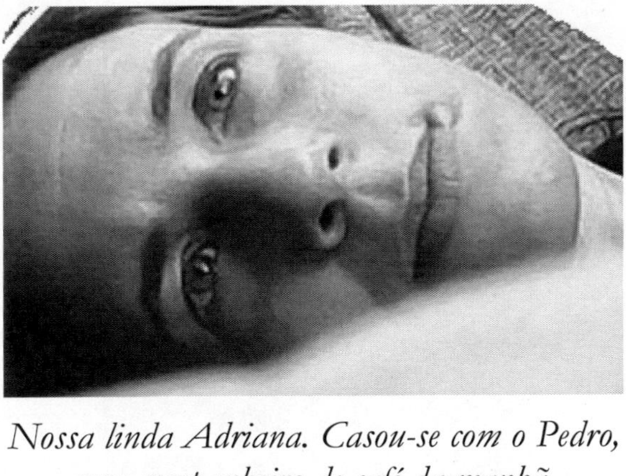

Nossa linda Adriana. Casou-se com o Pedro,
meu companheiro de café da manhã.
Tiveram a Clara, tão linda quanto eles

Minha linda afilhada se casando

Olha, Carol, você nenenzinha

No casamento da Carol.
Diogo, Izabel e Joaninha

Viu, pequena, você cresceu

Filho e sobrinhos

Nada melhor do que família,
melhor ainda quando estão
num álbum de retratos

Nossa casa estava sempre cheia. Numa temporada, uma prima de São Paulo nos visitou. Ela era compulsiva por comida. Meu guaraná vivia acabando, até que resolvi comprar Mineirinho para ver se durava mais. Ledo engano. Quando coloquei o Mineirinho na mesa, ela disse: "Amo Mineirinho!". Fu***

A vida continua. Uns vão, outros chegam, e essa que chegou foi muito especial para minha vida. Foi a Aurora da minha vida

19ª Cena

Em alta

Ganhei muito dinheiro com esse comercial, pena que foi interrompido. O marido partiu desse mundo

Mas o teatro estava bombando, fiquei trabalhando como diretor e coordenador no Teatro dos Grandes Atores por 22 anos e por várias vezes subi ao palco como ator. Como já disse, o meu templo sagrado.

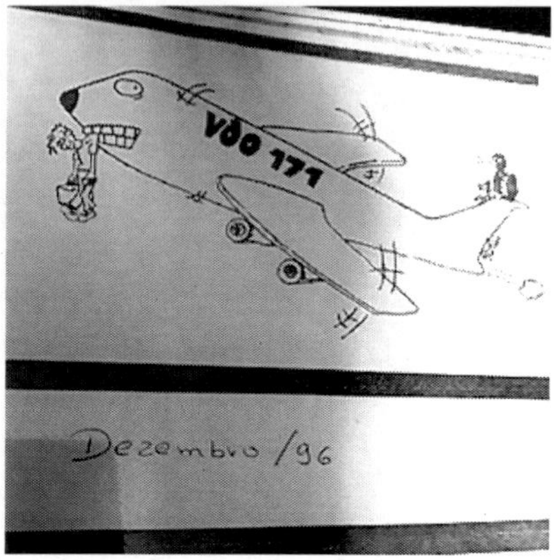

Nem sei quantas vezes essa peça foi encenada. Até em Friburgo fiz essa peça, no Teatro do Country Clube. Uma coisa eu garanto: com muitas adaptações. Numa escola de teatro o texto deve se adaptar ao aluno, dando possibilidades para mostrar o que tem de melhor cada aprendiz. Com a prática de montagens e com muitos exercícios de improvisação ele, a primeira pessoa, vai aprendendo a descobrir suas inúmeras personagens, a terceira pessoa. O ator deve estar sempre observando o externo para enriquecer o seu interno, pois a criação de seu personagem vem de dentro.

Com isso, a duração de cada peça depende do elenco. É uma caixinha de surpresa. E põe surpresa nisso. Numa das encenações de Pedro e Dalila, a peça durou quase duas horas. Haja plateia. Uma atriz resolveu levar uma ajudante para maquiá-la e vestir sua roupa. Quantos figurinos ela tinha? Um. Em que cena ela entrava? Na cena 10. Adivinha o que aconteceu? Adivinha? Ela não entrou em cena, o pior, quando a cena estava acabando ela entra, e o pior, pelo

quarto, furou a parede. Meu Deus, o elenco era excelente, ela fez voltar a cena do início e eu, da cabine de luz, dava gargalhada com as tiradas dos atores. A plateia se acabou de tanto rir, não sabia se aquilo tudo era proposital. Afinal, o diretor sempre foi muito louco.

Dizem que foi uma das melhores peças que criei.

Um pai não deve ter preferência, as outras iam ficar com ciúmes. Mas, sobre essa peça tem uma história quase trágica que virou cômica.

Em várias peças que eu fiz, a turma da torcida ficava me incentivando a colocar em cartaz por mais tempo.

Pois bem. Nunca tive patrocinador, tentei com essa lei que disseram que beneficiaria os artistas. Talvez tenha beneficiado a alguns por várias vezes. Lei para a "elite global", sempre os mesmos. Na verdade, a grande maioria ficava de fora.

Voltando. Tentei colocar em temporada "Abençoai as Feras". Na hora do incentivo, todos; na hora de arcar com as despesas, um: eu. Me fu*** o ponto de ter que tirar o cenário do teatro X com a desculpa de fazer a peça fora do Rio. Na verdade, estava fugindo das despesas e mais despesas. Ganhei muito dinheiro dando aulas de teatro, mas as peças de fim de ano me deixavam à míngua. Algumas pessoas reclamavam do preço dos ingressos. Para abrir uma cortina, no nível dos meus espetáculos, não é nada barato. Você escreve a peça, ensaia, reescreve por conta dos alunos que entram e saem durante o ano do curso de teatro, bola a luz, o cenário e só paga. O borderô não sustenta esse trabalho e janeiro era um mês de criação sem um tostão no bolso. Só por muito amor ao palco. Viva o teatro! A maior paga era ver o sorriso de satisfação dos atores. Muitos entraram crus e saíram excelentes *personas*. Meus filhos, filhos das minhas caretas.

Sou eu aí em cima?

20ª Cena

Só sucesso

Formação teatral a serviço do estrelato

ós curso no Barra Square, Hélder Agostini, de 8 anos, faz sua estréia em novela das 19h

Muitas peças eu adaptei e criei para os meus queridos alunos e houve muita aprendizagem com cada uma

"Chorus Line" – Essa adaptação me lembrou a importância de ter disciplina na coxia. Olha aí o Dudu falando de disciplina. Não sacaneia. Pois é, por conta disso, muita gente entra no palco sem algum figurino ou um adereço. Nessa peça, uma atriz entrou sem seu chapéu, em uma coreografia que todos estavam com seus chapéus e a coreografia pedia movimentos com ele. Alguém, no escuro da coxia, sentou no chapéu preto da atriz. E aí? Quantos meses ensaiando, quantos convites ela vendeu? Se liga, mané. Coxia é a preparação para o palco, é o lugar onde a pessoa veste o personagem. Tem que estar arrumado, organizado e em silêncio, ser respeitado. Façam o que eu digo. Na peça Moulin Rouge aconteceu algo de enlouquecer. A plateia estava lotada e a Guida e o Pedrinho tiveram que ficar na coxia. O Thiago Braga pediu para o Pedrinho fechar a cortina no final da peça, mas um outro Pedro fechava uma cortina dentro do palco. Os dois Pedros conversavam, Thiago alerta: *"Pedro, a cortina!"*. Pedro correu para fechar a cortina dentro do palco e Pedrinho para fechar a cortina da plateia. No meio da peça! Por quê?

Eu vejo a cortina se fechando do nada. No desespero, pego o microfone e grito: *"Abre essa porraaaa!"*. Minutos antes, Thiago percebeu a M. e correu para abrir a cortina e ela se abre na hora do *"porraaaa"*. Emocionante. Porra.

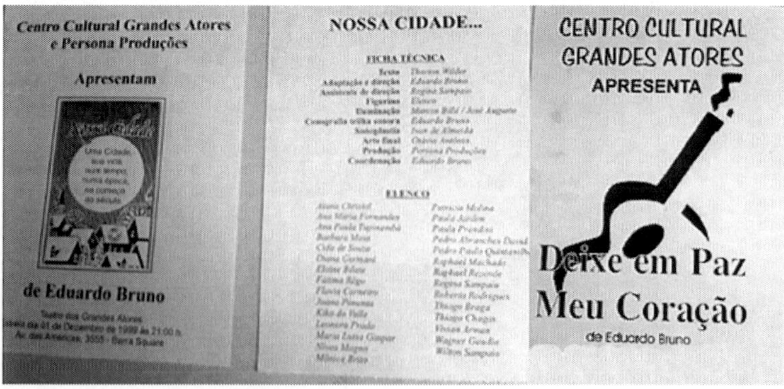

de EDUARDO BRUNO

CARA
&
de EDUARDO BRUNO
Teatro dos Grandes Atores

IN
e GUIDA ABRANCHES DAVID e EDUARDO BRUNO
Teatro dos Grandes Atores
Estréia dia 02 de dezembro de 2003 às 21:30 h.

de EDUARDO BRUNO
• Teatro dos Grandes Atores •
Estréia dia 29 de novembro de 2000 às 21:30h.

PERSONA PRODUÇÕES
Apresenta
de EDUARDO BRUNO
Teatro dos Grandes Atores
Estréia dia 14 de dezembro de 2004 às 21:00 h.
Av. das Américas, 3555 - Barra Square -

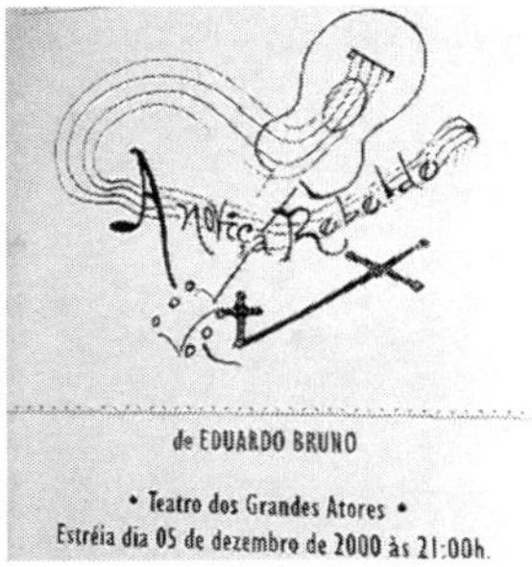
de EDUARDO BRUNO
• Teatro dos Grandes Atores •
Estréia dia 05 de dezembro de 2000 às 21:00h.

Suite 149

PRÊT À PORTER
de EDUARDO BRUNO
• Teatro dos Grandes Atores •
Estréia dia 04 de dezembro de 2000 às 21:00h.

Acho que foi numa das apresentações dessa peça, "O Mistério da Mansão Stylles", que uma atriz (minha amada Paulinha) ficou morta no chão do palco a vida toda. Alguém tinha que tirar a defunta e esqueceu. Ela, por sua vez, ficou mortinha, e os anos se passavam. É, diretor sofre.

Pedro Paulo me ajudou a dirigir "Micologia" e "A Linha Amarela", essa foi a última peça que ele encenou e anos depois eu me despeço do Grandes Atores com essa peça.

Quando fui dar aulas de teatro na Barra, muita gente disse que não ia dar certo. No final, todos queriam trabalhar comigo. Até que a Barra começou a ficar lotada de tanto curso de teatro. Me orgulho de ter sido o pioneiro.

Mesma coisa lá em casa, quando fomos para Friburgo. A casa estava precisando de reforma, e mamãe e eu transformamos nosso lar em uma linda mansão. A família disse que eu estava fazendo uma burrada, enfiando meu dinheiro em uma casa que não era só minha. Quando fiz a churrasqueira, olha que não gosto de churrasco, quanto escândalo; agora, todo mundo usa. E quando reformei a sauna, meu Deus, eu não posso pegar sauna. Fiz tudo para vocês, querida família.

Teatro de verão

• São os novos irmãos Valle. Depois dos compositores Paulo Sérgio e **Marcos Valle**, donos de dezenas de clássicos da Bossa Nova nos anos 60, surgem agora Daniel e Thiago Valle. Filhos de Marcos, os dois atores sobem ao palco do Teatro dos Grandes Atores, no Barra Square, dia 6 de dezembro, com a peça de humor "Micologia grega"

Voltando ao teatro.

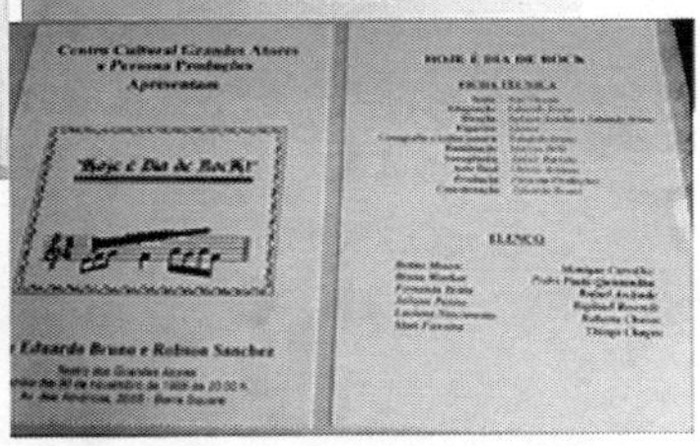

Essa foto faz parte da peça "O Maestro",
e eu danço com a Sabrina.
Na peça, ela era minha mãe.
Vou dar uma pausa para falar de Sabrina

21ª Cena

A mulher da minha vida

Estou inchado de felicidade. É melhor me descrever assim. Nessa época, um amigo dos meus sobrinhos, olhando uma jarra que temos numa das estantes da nossa casa, disse: *"Olha, tio, como você se parece com ele!"*. *Parei. Nunca mais cerveja ou vinho!*

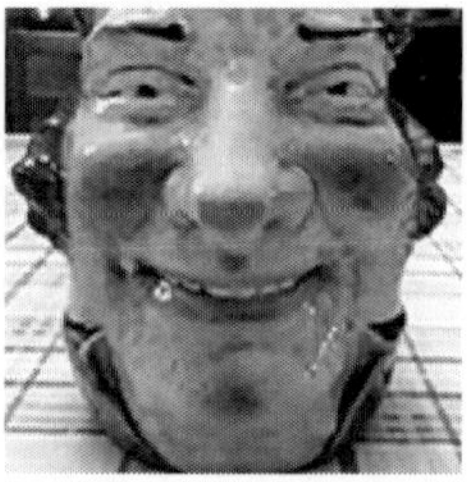

Meu sonho, estava me organizando para viajar até onde você está. Mas, agora, talvez em uma próxima vida?

"Luz, alma, amor.

Tradução simples da sua existência e permanência entre nós. Assim somos, assim estamos. Juntos no movimento da vida eterna, conectados em sintonia. Te amo, Eduardo Bruno.

Siga nos dirigindo, guiando, iluminando. Sua luz nunca será apagada"

Ela escreveu no meu perfil no Facebook quando eu já estava aqui desse lado. Também te amo, Sabrina.

A vida continua e o teatro também.

XV anos nos Grandes Atores.
O Painel foi o Pedro David (meu sobrinho) que fez

Meus queridos Índio, Thiago, Sabrina, Rita e Guida. Rita, querida, suas histórias dão um livro, não deixe de contá-las. Ficarão na minha eterna lembrança

XX anos de teatro no Grandes Atores.

Pedro pintou esse quadro, chegou minutos antes de a peça começar. *"Um sonho solitário"*, escrita por mim. Vinte anos lutando para construir um sonho. Muitos passaram por esse sonho. Muitos poucos ficaram. No fundo, lá no fundo, me sentia sozinho. Tinha colaboradores, mas cada um tinha a sua vida e seus sonhos.

Essa peça foi encenada por crianças. Minha Aurora fechava a peça cantando *"Sonho Impossível"*. Arrepiante.

Observem que, no canto esquerdo de quem olha, tem uma falha. Viram? A peça era um apanhado das melhores peças que escrevi. Uma criança representava a Ceci, uma pessoa com uma síndrome, que foi rejeitada por muitos, mas tinha a alma de uma artista e pintava muito bem. Ela fingia que pintava esse quadro. Como ficou com o pincel esfregando a tela surgiu esse maravilhoso "defeito", que se tornou uma lembrança. Essa peça, Ceci, foi escrita em homenagem à irmã da minha madrinha, nossa querida tia Ceci.

Vamos a um outro capítulo?

Então vamos. Vem conosco, Sabrina.

Sem comentários. Apresentação dos 15 anos de teatro na Barra, uma parte da "Noviça Rebelde"

22ª Cena

Algumas premiações de final de ano

Nas vacas gordas, até televisão rolou para o prêmio de melhor produção, isto é, para quem vendia mais ingresso.

Adivinhem o texto?

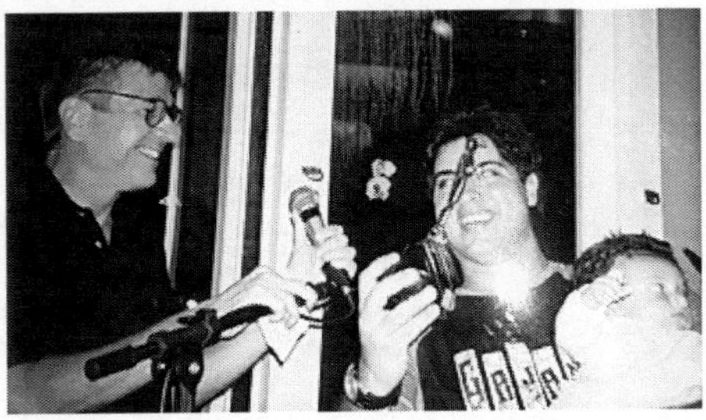

Em alguns anos fazíamos peças no dia da entrega de prêmios. "Maestro"

Além dessa, subi ao palco como ator nesse querido teatro algumas vezes

Essa peça também estreou no Teatro Municipal de Nova Friburgo, com outro elenco. Só o cachorro continuou o mesmo, eu

Annie

Mundo Clown, fizemos no Grandes Atores e em Friburgo também. Antes, no Grandes Atores, temporada com outro elenco

Voltando às premiações: nosso Oscar

Minha família por parte do Pepê: seus padrinhos queridos e grandes amigos eternos

Grandes talentos, queridas amigas

Por fim, tudo acabava em flores
e a satisfação de mais um ano cumprido

23ª Cena

Sempre voltando aos palcos

All That Jazz

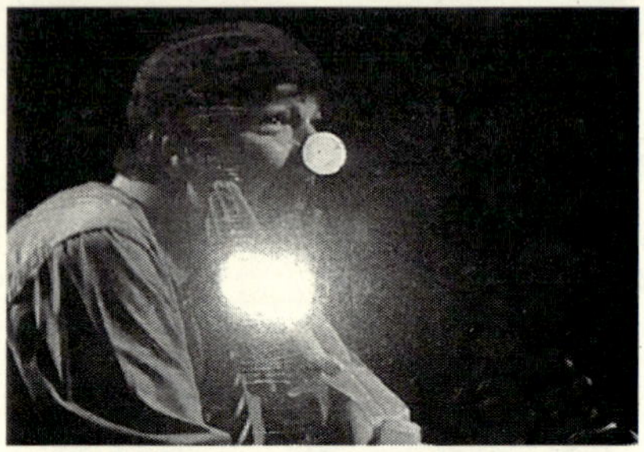

Maestro, um espetáculo
Parabéns, elenco!
Linda peça

Aniversário do Vital, grande figura, grande amante da arte

Minha Bárbara. Éramos "partner". Te joguei no chão!

Nesse aniversário, fomos contratados para fazer um show, a história do cinema. Ficou muito show, o show foi um show. Guida fez umas coreografias que, como sempre, nos tirava o fôlego. Na passagem do filme Grease, tinha uma pegada em que a bailarina (Bárbara) passava pelas costas do “bailarino” (Dudu). Lembra do fórceps e do colete? Como uma pessoa vai passar tranquilamente nas costas com a coluna toda irregular, com altos e baixos? Tive que dar um impulso maior e foi bem maior mesmo, ela se “estabacou” no chão.

Sorry, linda, I love you. Gostou do inglês?
É que você não está escutando a pronúncia

Não posso deixar de falar da Danúbia. Que talento você tem, amiga. A decoração da festa, o cenário, os figurinos. Que maravilha. Minha reverência e meus aplausos. E ainda é uma excelente atriz bailarina.

Robson, grande amigo de vários momentos alegres e de aflição. Obrigado por tudo. Daqui, eu torço pela sua família linda e querida

24ª Cena

Sempre gostei de crianças encenando e tenho histórias ótimas das minhas queridas pestinhas

Aqui vão algumas

Outra peça que tentei deixar em cartaz. Essa até que durou

Bem, logo que comecei a dar aulas para as crianças, comecei a falar e brincar com eles com voz de criança. Um dia, um deles me perguntou: *"Por que você está falando com essa voz de retardado?"*. Comecei a falar normal e dar esporro, eles adoravam meus esporros, riam. Uma outra vez, estava todo atolado e uma menininha falou com sua voz de trombone: *"Duduo, eu quero fazer cocô"*. Cara, daquele dia em diante tive que ter uma assistente.

Pequeno Príncipe: *Romance inspira peça infantil*

CLÁSSICO DOS CLÁSSICOS DA LITERATURA INFANTIL, "O pequeno príncipe" ganha nova montagem em palcos cariocas, com estreia amanhã, no Teatro Vannucci, no Shopping da Gávea. O espetáculo infantil "O meu pequeno príncipe", com adaptação e direção de Eduardo Bruno, se debruça sobre o texto poético de Antoine de Saint-Exupéry para desvendar lados menos explorados da história do aviador que vê sua vida mudar completamente ao cair com seu avião em pleno deserto do Saara. Ali, no meio do nada, ele inicia uma amizade com um menino vindo de outro planeta. Nesta versão, o autor prioriza as reflexões e alegrias do aviador (vivido por Roberto Bomtempo) através da nova relação com o menino, o príncipe do título, interpretado por Gabriel Mergulhão. As sessões de "O meu pequeno príncipe" acontecem aos sábados às 17h e aos domingos às 16h.

Estão vendo nessa foto a minha bermuda? Pois é, num belo dia uma aluninha olhando pela bainha da bermuda disse: *"Duduo, você está de cueca vermelha"*. Nunca mais bermudas, só calças compridas. Fazer o quê?

Fora que os santinhos já quebraram cenários de outras peças, arrebentaram a cortina, andavam por cima das cadeiras da plateia, encharcavam as privadas de papel higiênico, etc.

Resolvi, com muito pesar, delegar a turma infantil para Sabrina e Marlu, Thiago e Índio, Guida e Maíra, Guida e Paulinho e outros corajosos.

Essa é a Maíra contracenando com o Eudes. Minha sobrinha, filha da Ângela, que justo nessa peça foi assistir à filha. Quando acabou a peça eu perguntei:

– E aí, gostou da apresentação da Maíra?

– Ela só apareceu no final para os agradecimentos – disse Ângela, decepcionada.

Comecei a rir.

– Ângela, ela é a entrevistadora, ela praticamente não saiu de cena.

Sem comentários. O pior é que Ângela viajou quase três horas para ver a filha e não viu.

25ª Cena

Que bom ter vivido com vocês!

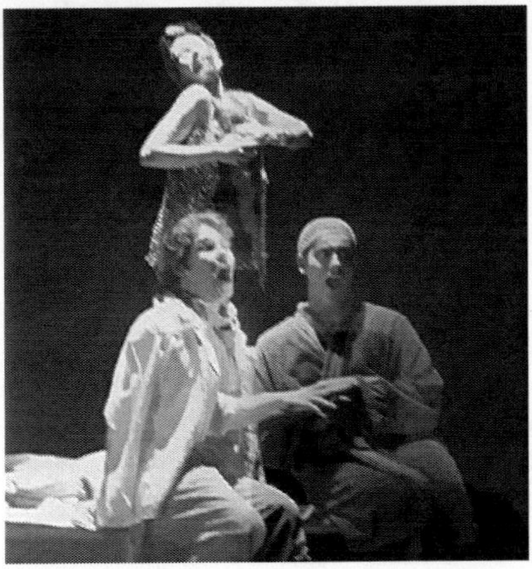

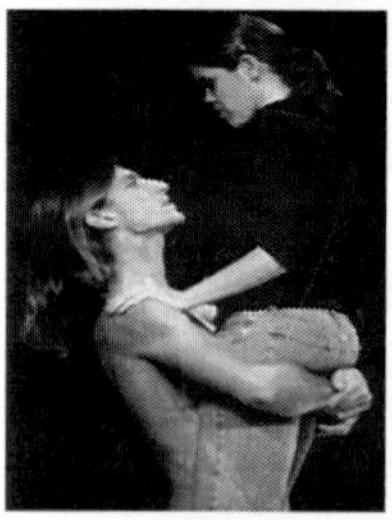

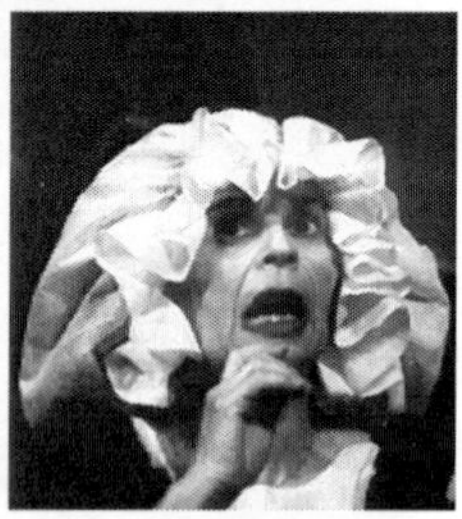

"Como as pessoas complicam. Vamos descomplicar, galera. A vida é uma só". Ao elenco de Linha Amarela, com o maior carinho: VAMOS SE LIGAR MAIS, CACILDAAA! Só temos mais sete ensaios, e depois não adianta dizer que poderia ser melhor. O negócio é não faltar. O negócio é se dedicar aos seus personagens, decorando o texto. Entender o texto, entender o seu personagem, as marcações. Viver intensamente no horário dos ensaios.

Vamos brilhar, vamos voar nessa magia maravilhosa que é dar vida a essa terceira pessoa que é o seu personagem. Ao chegarem ao teatro, cheguem pra valer, pra coisa acontecer, não tem mistério. Vamos nos concentrar mais nessas horas que estamos ensaiando. Não desperdicem esse tempo que não volta. Eu acredito em vocês, mas o mais importante é vocês acreditarem em cada um de vocês. Ensaio é pra isso.

Vamos ousar, vamos voar nessa viagem juntos, galera! Aproveitem o máximo de mim para que eu possa aproveitar o máximo de cada um de vocês. Vamos que vamos, galera! Eu quero ver garra em cada um que faz parte desse elenco maravilhoso. O maior presente, pra mim, é vê-los fazendo essa peça com o maior T. Amo você. Até segunda. Beijos.

Linha Amarela foi escrita e montada há quinze anos e vou remontá-la, por estar ainda super atual. Essa peça não envelheceu em nada, pelo contrário. A criação dela teve uma história que eu gostaria, e muito, de compartilhar com vocês.

Numa tarde, num engarrafamento, eu, Eduardo Bruno, comecei a reparar que o meu mundo, onde vivo, oculta diversos mundos paralelos. E foi aí que eu comecei a me interessar por eles, por essas pessoas que estão se esbarrando, vivendo, sorrindo, sofrendo, sonhando, usufruindo do mesmo oxigênio que eu.

Linha Amarela, um corredor que liga diversos bairros da cidade nos quais convivem várias favelas (comunidades, como são chamadas), me fez observar que pessoas de carne e osso, como eu, têm a sua história. No meu conforto, deparo com o desconforto no qual eles se sentem confortáveis nessa vida que os cerca. Cada comunidade com o seu "estatuto". Cada comunidade com os seus costumes. Cada comunidade com a sua história.

E foi observando, naquela tarde, que vi uma riqueza de personagens circulando em minha volta, milhares de tipos existentes, interessantes, intrigantes, que me deixaram fascinado e curioso pela tranquilidade com que eles convivem nesse mundo no qual nós, da minha classe social, só lembramos no carnaval — nas escolas de samba. A maneira de se vestir, de andar, de falar, de morar, de viver.

Enfim, chegando em casa, com aquelas pessoas na minha cabeça, comecei a estudar esse mundo tão perto e tão distante da minha realidade. Entrevistei, durante alguns meses, a minha diarista, que vivia e vive numa dessas comunidades, e eu pude sentir que, com todas essas diferenças, as igualdades são enormes. Que os sentimentos, os valores, os costumes só mudam de cor porque a essência é a mesma. Essa coisa de social, essa coisa de classe A, B, C, D, E, essas letras todas fazem parte do mesmo alfabeto nosso, ou seja, somos farinha do mesmo saco. Isso tudo nos torna hipócritas, imbecis, preconceituosos, porque o bicho homem é o único que se destrói, destrói a sua própria espécie e as outras que o cercam.

Linha Amarela é um alerta pra todos nós. Linha Amarela é uma passagem. Linha Amarela é vida pulsando nas nossas veias. Linha Amarela é um ponto de interrogação, de reflexão. Linha Amarela é uma comunhão de todos os nossos sentimentos e não sabemos conviver com eles. Linha Amarela é um sonho de que todos nós somos filhos desse mundo em que vivemos. Nós, e todos os nossos nós, estamos aqui, nessa vida, pra sermos felizes, amados, respeitados. Somos frutos de uma só energia, Somos frutos dessa vida que Deus nos deu." *(Retirado do Facebook do Dudu em 2018)*

Meus queridos, depois de 32 anos dirigindo aula de teatro, me adequando às diversas turmas que eu tive, uma coisa eu posso garantir a vocês: como valeu a pena toda a dedicação que eu tive nesses 32 anos. Aprendi muito com todos alunos maravilhosos que passaram por mim. E agradeço muito por esse privilégio que eu tive. Quem acha que dar aula de artes cênicas/teatral é um tapa-buraco dentro da profissão do ator e do diretor está completamente equivocado, é um equívoco pensar dessa maneira. Existe um compromisso sério, de muita responsabilidade perante as pessoas que chegam a você.

O diretor tem que ter uma enorme sensibilidade de enxergar o potencial de cada um desses alunos e moldá-los de uma maneira muito sutil nas encenações feitas, para que eles cresçam dentro desse ofício. A gratificação é enorme quando nós, diretores, vemos o crescimento de cada aluno nosso. Obrigado por tudo que vocês fizeram comigo. Vocês, alunos, me ensinaram a ser um profissional melhor. Gratidão por tudo. Minha vida profissional e pessoal agradece e muito. Beijos a todos e que vocês nunca esqueçam de uma coisa muito simples: sejam felizes e façam os outros felizes também. Confiem mais em vocês e não desprezem nenhum sentimento seu, isso os tornará profissionais e pessoas dignas de conquistar seus sonhos e de serem felizes sempre. Não tenham medo de errar e encarar os obstáculos que a vida nos apresenta. Eu sou e estou feliz por tudo que eu fiz e o que farei ainda mais nessa minha vida profissional, na minha pessoal e na minha vida em geral. Meus queridos, ainda vamos nos esbarrar nessa vida, com certeza. Beijos pra todos." *(Texto de 31 de março de 2019, escrito pelo Dudu)*

VALEU!

ATÉ SEMPRE

Nossos Agradecimentos

"Mestre! Triste demais saber que você partiu! Gratidão pelo tempo que passamos juntos neste plano! Obrigada por todos os ensinamentos, por todas as conversas e por todas as risadas! Fosse no teatro, nos ensaios ou durante as viagens! Com você, a diversão era garantida! Cumpriu sua missão de forma brilhante! Esteja em paz, querido e eterno Dudu!"

"Que falta, meu querido, você vai fazer. Ator, diretor, escritor primoroso de suas peças teatrais. Nos conhecemos no começo dos anos 90 e nunca mais nos largamos, foram tantos trabalhos juntos, risadas, aprendizado, cumplicidade. Obrigada por tanto, por todas as personagens/presentes que me dava. Vai na luz, vai na paz, amado Eduardo Bruno. E que Deus conforte o coração de sua mãezinha, suas irmãs/meninas e seus sobrinhos.

Nosso último trabalho juntos, sua peça Linha Amarela.

Te amo pra sempre! "

"Há algumas horas, um grande amigo (o mesmo de quem surrupiei essa foto) deu uma notícia que eu nunca tinha imaginado receber. Não que eu achasse possível alguém viver para sempre. Mas o Dudu... isso nunca me passou pela cabeça. Mesmo no momento de maior sofrimento que o vi passar. Não esperava!

O Eduardo Bruno, o Dudu, era incrível! Nos vimos pela primeira vez em 1990, num curso de teatro, no Villa-Lobos. Ele era professor da turma de adolescentes/adultos e eu, uma pirralha de 10 anos, estudava na turma de crianças. Um ano depois de iniciar o curso, fui 'puxada' para a turma do Dudu. Ele faria uma peça fora do curso e estava convidando alguns alunos para testes e papéis. Fui para a turma 'dos grandes' e lá virei a Renatinha.

Ali, além de aprender muito sobre teatro, ganhei muitos dos meus melhores e grandes amigos. Entre eles, o Dudu, que mais do que um amigo, era um paizão! Com ele, nosso diretor, viajei, aos 12 anos, com um grupo de teatro. Fomos para um festival e Dudu cuidava de mim como o pai mais preocupado do mundo! Além de tudo o que conversamos a vida inteira, ele foi o cara que apostou, ali no início, no que eu achava que seria minha carreira para a vida toda. Sei que falei isso muitas vezes te olhando, mas não custa deixar registrado também: te amo! Obrigada por tudo!"

"Conheci Dudu quando tinha 12 anos, ao entrar no Teatro dos Grandes Atores, recém-inaugurado, pra acompanhar duas amigas queridas, que queriam fazer o tal curso de teatro. Estava na plateia, esperando rir dos micos que elas pagariam. Mas ele não permitiu. Disse que eu tinha que subir no palco junto. Subi. E minha vida toda mudou. Por causa dele. Com ele aprendi, nestes anos todos, não só os prazeres e a responsabilidade dessa profissão, mas uma infinidade de coisas. Naquele palco, ele me mostrou caminhos, me aconselhou, me deu a mão, me apresentou oportunidades, me incentivou, me fez crer que era possível. Descobri novos sons, novos espetáculos, novas danças. Naquele palco, conheci amigos que trago comigo até hoje e são minha família. Naquele palco, sob seu olhar, descobri novas aptidões, me desafiei e fui muito feliz. Naquele palco, eu me descobri. E, portanto, é impossivel desvincular minha vida e minhas escolhas da pessoa dele.

No último dia dos pais, enviei-lhe uma mensagem, pois não nos falávamos desde dezembro. Não havia dúvidas de que ele era uma grande figura paterna. E ele me respondeu dizendo: *"Pode contar comigo sempre. Você é um filho pra mim"*.

Contei e contarei sempre. Viva a sua jornada. Que suas risadas inconfundíveis ecoem aí do outro lado" *(Thiaguinho)*

"Ah, meu tio, que dia tão triste estou vivendo, pois hoje devo lhe dizer adeus, um adeus para sempre. Você partiu tão de repente e, principalmente, tão cedo. Não entendo e não consigo aceitar. Estou afogando nas minhas lágrimas e o coração está quebrado em mil pedaços. Você me deixa com tanta tristeza, pois ainda tinha tanto para viver. Não me lembro se no nosso último encontro lhe disse que o amo, então digo agora, esperando que possa sentir, mesmo já não estando mais entre nós. Eu amo muito você, tio, e para sempre vou amar e recordar o homem maravilhoso que você foi!

Vá com Deus e com a certeza de que deixou conosco lindas lembranças e muito amor. TE AMO PRA SEMPRE, MEU TIO Eduardo Bruno! #obrigadoportudo" *(Paulinho)*

"Hoje é o seu aniversário Nessa semana faz um mês que você partiu para a nova vida. São muitos corações batendo de saudade. Eu tenho certeza de que você está bem, que já reencontrou o seu pai, o seu filho... Mesmo com a distância física, sinto você presente, agora olhando por nós e cuidando como sempre, mas em outra dimensão. Feliz aniversário tio, o Céu está em festa. Muito obrigada por tudo... Gratidão." *(Maíra)*

"Para meu vô

Hoje você se foi e me deixou com uma dor q n tem explicação, mesmo assim, vá com Deus, nunca esquecerei de você, obgd por tudo que vc já fez por mim e por todos, obgd por estar sempre me fazendo feliz e com um sorriso no rosto, obgd por me falar a realidade quando necessário, obgd por ficar CMG msm nos momentos difíceis, escrevo isso com uma dor imensa no coração pois sempre te amei mais q tudo. Tbm te mando um bj enorme já q n consegui te responder antes de vc ir, obgd por me acalmar quando eu n estava calma e mais uma vez obgd por tudo, te amo muito." *(tua neta Aurora)*

MEU VÔ
OBRIGADO!

Para conhecer outros lançamentos
da In Media Res Editora, visite o site:
www.inmediares.com.br